L'ART DE LIRE

DANS

L'AVENIR

Par Mme MARCEL

Ouvrage orné de 10 planches hors texte

EN VENTE
CHEZ L'AUTEUR
RUE DES BONNETIERS, 45

ROUEN

L'ART DE LIRE

DANS

L'AVENIR

ROUEN. — IMP. MÉGARD ET Cie

L'ART DE LIRE

DANS

L'AVENIR

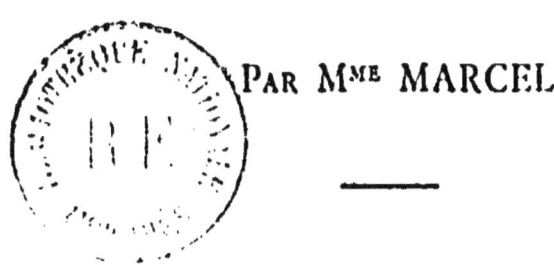 Par Mme MARCEL

Ouvrage orné de 10 planches hors texte

EN VENTE
CHEZ L'AUTEUR
RUE DES BONNETIERS, 45

ROUEN

EXPLICATION

Je tiens à prévenir mes lecteurs d'une chose que je considère comme très importante : mon système, basé uniquement sur des données fournies par les sciences exactes, n'a pas le moindre point de contact avec les pratiques superstitieuses à l'aide desquelles de soi-disant devins ont la sotte prétention de prédire l'avenir. Les foules, qui ajoutent foi à la médiummité, au voyantisme, comme si l'un ou l'autre révélait l'avenir, sont dans la plus complète erreur. La vision, qui n'est qu'un phénomène inattendu, passager, peut révéler l'avenir, mais nul ne peut commander à cet état de choses et en disposer comme il lui plaît.

Les somnambules ou les voyantes de toute nature, qui révèlent le destin dans leur prétendu sommeil, ne font que caricaturiser ces phénomènes. Aussi, la critique porte-t-elle ses jugements le plus souvent d'après les manifestations de ces rusées commères dont l'ignorance n'a d'égale que la bêtise et dont la prétention est de savoir lire dans la main. Ces voyantes, tout comme les bohémiens, prédisent l'avenir à l'aide des signes hébreux cabalistiques qui se trouvent sur leurs cartes, ou soi-disant dans la main, mais qui ne sont, en réalité, que dans leur propre imagination. Elles ont la connaissance des signes extérieurs comme les sorciers et les rebouteurs ont la connaissance de la médecine.

Ma méthode ne peut être jugée d'après ce que font les devins, et encore moins d'après les femmes aux fétiches, aux travaux secrets et autres ignorances qui n'ont rien de commun avec l'austère vertu de ma science.

En conclusion, quelles que soient la réclame et la célébrité que l'on attache autour d'une voyante qui aurait soi-disant révélé les faits les plus surprenants qui se seraient accomplis, il me suffit de lire ce mot de voyante pour savoir que j'ai affaire à une personne dont les manifestations ne peuvent être que mystificatrices. Je ne veux rien croire sans le talent, sans la vérité, la thèse en un mot, et je déclare que depuis vingt années de voyages d'études dans différents centres de l'Europe, je n'ai rencontré aucune de ces pseudo-voyantes capable de lire l'avenir d'après les règles de la science des signes extérieurs.

J'ai donné cette explication pour édifier le lecteur sur ces personnes intrigantes et ridicules, qui, sans connaître un mot de physiologie, poussent l'effronterie imbécile jusqu'à dire qu'elles font tout réussir.

PRÉFACE

Je donne, dans le parcours de ce petit ouvrage, un aperçu de ma science pratique, sans toutefois rentrer dans de longs développements. Il ne me paraît pas indispensable d'exposer ici, fût-ce même en résumé, le résultat de mes longues et minutieuses études sur les signes extérieurs que présentent certaines parties du corps de l'homme ; je craindrais d'abuser de la patience du public, souvent absorbé par des occupations particulières et fréquemment détourné de l'examen des étranges phénomènes de la science et de la nature.

Il faut d'incessantes et pénibles recherches et des observations continuelles, souvent reprises, pour définir exactement le caractère des signes extérieurs propres aux diverses races humaines, et pour établir les variations que peut subir ce caractère par l'influence de la sphère d'action où s'agitent les individus, du milieu où ils vivent, de leurs passions, de leur nourriture, du genre d'occupations auxquelles ils se livrent habituellement, etc., etc.

Pour savoir si l'innéité des

actions existe chez l'homme, il ne suffit pas de quelques expériences faites à la hâte ; une série de mensurations, si longue qu'elle soit, ne peut donner de certitude suffisamment absolue pour servir de base à un système. Il faut des milliers et des milliers d'observations faites d'après un plan bien logique, bien arrêté et bien coordonné, et il faut poursuivre les recherches avec la confiance que donne la foi dans le résultat. Car l'étude de la nature présente cette étrange particularité qu'elle révèle parfois ses secrets de la façon la plus simple, la moins attendue ; on peut affirmer que, dans certains cas, il faut oublier qu'on est savant pour être naturel. En présence de la nature, on doit être simple pour être vrai. Le défaut de naturel, aussi bien que la routine, a pour conséquence infaillible de nous faire verser dans des erreurs nombreuses ; et celles-ci ont fréquemment un faux air scientifique, qui leur permet de se glisser parmi les vérités.

L'homme est encore à mille lieues de la perfection, tant au point de vue moral qu'au point de vue intellectuel. Il se défait très difficilement des habitudes qui le retiennent dans un milieu où sa volonté et l'essor de son esprit sont engagés. Toutes choses tendent à rendre l'homme routinier : son éducation, les influences qui l'entourent, les mille et une idées qu'il adopte machinalement sans se donner la peine de les examiner, les usages de la société, les mœurs, les coutumes vieilles comme le monde, qu'on suit uniquement parce que la généralité les suit.

L'homme se complaît dans la douce torpeur de l'esprit, dont l'action dissolvante augmente encore les charmes et les dangers. Il est bien plus commode de se laisser vivre que de se casser la tête à approfondir l'écrasante question du libre arbitre ou à rechercher la solution de ce problème, infiniment plus simple, le mécanisme de la pensée. La physiologie résoudra un jour ces énigmes décevantes, nous n'en doutons pas; en attendant, nous n'avons pas la moindre prétention à vouloir aider en quoi que ce soit à leur solution. Toutefois, je ne crois pas sortir de mon modeste rôle, en essayant de rechercher, par des comparaisons mathématiques, la signification des formes extérieures de l'homme et de la femme; ces formes appartiennent au mouvement de la vie, à l'essence même de celle-ci. Tout se tient, en effet, dans l'existence humaine; c'est là, surtout, qu'on peut affirmer hardiment : « Il n'y a pas d'effet sans cause. »

L'homme est bien le maître de toutes choses par son incontestable supériorité sur tout ce qui existe à la surface de la terre : il individualise chacun de ses actes dans l'expression de ceux-ci. Les préoccupations matérielles et suggestives, qui remplissent notre vie, viennent à chaque instant mettre obstacle à la compréhension de notre sens expressif, et la cause principale de notre ignorance est due surtout à la faiblesse de notre intellect et à notre défaut de réflexion. Nous voyons chaque jour se produire des faits, parfois d'une importance capitale : ils ne sont pas exceptionnels, ils s'offrent à nous dans les circonstances courantes de la vie. Nous nous bornons à les constater ; mais nous n'avons garde de les analyser, d'en rechercher la cause au moyen d'une étude approfondie ; le plus souvent, nous ne nous donnons pas cette peine, même si ces faits viennent bouleverser toute notre existence. Et pourquoi ? parfois, par indifférence ou bien par crainte du ridicule ; d'autres fois, par un certain effroi inné de sortir des sentiers battus et de faire autrement que ce puissant monarque qu'on appelle Sa Majesté Tout le Monde.

Beaucoup de médecins se sont occupés de l'hérédité, mais plutôt au point de vue physique, pathologique ; un très petit nombre ont essayé d'approfondir la transmissibilité des facultés mentales et intellectuelles. De là, l'indifférence assez générale du public pour cette partie du domaine de la haute physiologie, qui reste toujours obscure, peu accessible à la foule.

Et cependant, que de choses curieuses se manifestent dans les phénomènes si remarquables, si merveilleux de l'hérédité ! Nous ne citerons pour exemple que cette observation de Winckelmann, déjà faite précédemment par les anciens, que « le fils ressemble souvent moins au père qu'au grand-père ». C'est une exception, dira-t-on, soit! mais l'exception ne confirme-t-elle pas la règle? Ce saut de la nature, dans la reproduction des espèces, se remarque tout aussi bien chez les animaux, et particulièrement chez les chevaux. On a pu constater que ce fait si curieux se présente aussi fréquemment dans le domaine des actes de la vie. Combien de fois ne voit-on pas des accidents, des événements, des crimes mêmes se répéter chez les membres de plusieurs générations successives, parfois avec des variantes, mais identiques pour le fond, souvent pour les moindres détails? Et n'est-ce pas là une preuve bien certaine de l'innéité, que cette transmission héréditaire confirmée par des faits nombreux, basés sur des témoignages probants dont nul ne songe à contester l'authenticité?

Il est hors de doute que certains hommes sont plus ou moins prédisposés aux accidents, aux maladies, aux malheurs, aux défaillances dans les affaires, tandis que d'autres ont des aptitudes toutes particulières pour le bonheur, la prospérité dans les affaires, le succès dans toutes leurs entreprises, si hasardées qu'elles soient. Je donne plus loin une preuve matérielle, irréfragable, de ce fait que l'homme porte certains indices de ces prédispositions.

L'anthropologie est d'accord avec nous sur toutes ces questions; nous pouvons marcher côte à côte avec elle, sans crainte de dévier du droit chemin. L'innéité criminelle est établie depuis longtemps par les recherches et les investigations de la science anthropologique.

Forts de notre conviction étayée sur les résultats comparés de nos incessantes recherches, nous allons plus loin; et nous disons que l'innéité se montre dans toutes les actions de l'homme. Plus nous avançons dans nos études, moins nous sommes éloignés d'accepter cette thèse que le hasard dirige nos actions. A part certains actes tout à fait exceptionnels, l'homme provoque lui-même la plupart des événements de sa vie, et en tous cas, quand il ne les provoque pas, il oublie de les prévoir. L'homme va où le mène son tempérament; s'il subit parfois la fatalité, c'est que la forme de sa qualité organique l'y prédestine. L'instinct animal l'emporte parfois; mais il ne peut s'empêcher de reconnaître que son intelligence et sa volonté sont supérieures à cet instinct.

Le même signe se retrouve chez toutes les personnes atteintes de la même infirmité. Toutes les personnes atteintes de maladies graves offrent une anomalie quelconque dans les lignes que présente la face palmaire de la main.

Les grandes souffrances morales se décèlent dans un trait partant de la racine du petit doigt, près de sa face postérieure, et montent dans le pli supérieur.

La main de beaucoup de dames divorcées offre un trait mixte, partant du pli inférieur et montant dans la saillie supérieure. Il est bon de remarquer, cependant, que le tempérament organique et l'hérédité modifient complètement ces signes dans une foule de cas. Il faut savoir en tenir compte.

La plupart des caractères de la main de l'homme se rattachent à mon système; je dirai brièvement de quelle façon, ne voulant pas allonger inutilement cette préface. D'après moi, et je suis en bonne et nombreuse compagnie lorsque j'exprime cette opinion, les caractères de la main représentent clairement les aptitudes morales et intellectuelles, *morales surtout*, de l'être auquel elle appartient. Le centre de direction de la main est l'encéphale. Pourvue d'une quantité considérable de nerfs, elle est douée d'une sensibilité exquise ; elle obéit au cerveau, dont elle exécute les pensées, et elle les lui rapporte rectifiées par le toucher. Le cerveau conçoit, commande ; la main obéit, exécute.

Les lignes tracées naturellement

dans la paume de la main ne sont autre chose que l'expression de la qualité cérébrale. L'étude de ces lignes fait voir que nous avons non seulement une vie innée, mais encore des prédispositions selon lesquelles nous voyons, nous pensons, nous agissons dans toutes les circonstances : nous avons en nous le succès ou l'insuccès, la victoire ou la défaite, le courage ou la faiblesse. Tous les jours, nous pouvons constater que l'homme se suggère à lui-même des pensées qui le conduisent aux faits dont sa vie n'est que la succession. Qu'y a-t-il d'impossible à ce que ce fait soit annoncé par la qualité organique qui a présidé à la volonté? Cette qualité organique n'est-elle pas pourvue de caractères distinctifs, qui, examinés avec attention, peuvent faire pressentir les événements?

L'homme porte presque toujours sur sa physionomie l'indice de ses penchants, et l'aspect de sa main indique généralement les faits principaux de sa vie. Par l'inspection bien entendue de la physionomie et de la main, nous arrivons infailliblement à connaître les causes et les chances de réussite ou d'insuccès, de fortune ou de détresse, de bonheur ou de malheur.

Supposons un homme, qui, se trouvant d'abord dans une

belle position de fortune, voit le malheur fondre sur lui et la ruine complète remplacer sa prospérité. Déchu du rang où le plaçait sa situation brillante, il végète misérablement, faisant en vain des efforts pour se relever et tâcher de regagner sa fortune perdue. Voyez-le un an après sa ruine, alors qu'il est amèrement déçu et intimement convaincu de l'inanité de ses tentatives : vous serez frappé du changement profond qui s'est opéré dans sa physionomie. C'est bien là une preuve indubitable que le moral réagit sur le physique.

Nous ne pouvons admettre que le hasard soit cause de la perte de la fortune de cet homme; notre conviction est que par une faiblesse quelconque de son esprit, par l'effet d'un travers, d'une passion, par un manque de volonté ou par toute autre cause qu'il porte en lui, il n'a pas su conduire sa barque au milieu des écueils, et qu'au lieu d'éviter les obstacles, il a fait naufrage.

Nous allons plus loin, et nous disons que non seulement on voit sur ses traits l'altération causée par les désastres qui l'ont frappé, mais encore qu'au temps de sa prospérité on pouvait voir sur sa physionomie et dans les lignes de sa main le malheur sous lequel il succomberait plus tard.

Les lignes de la main et les traits de la physionomie correspondent presque toujours entre eux : lorsque la figure annonce une grande énergie, une indomptable force de caractère, habituellement la main donne des indices des mêmes qualités ; dans les organismes faibles et frappés de déchéance, on remarque un fait identique : les sinuosités de la paume sont d'accord avec les lignes du facies, qui n'expriment que la passivité, la faiblesse, la pusillanimité.

Voici une preuve plus convaincante encore. Inspectons la main d'une personne devenue boiteuse par suite d'une tumeur, d'une dislocation, d'une fracture; la ligne moyenne qui traverse la paume portera toujours une bifurcation brisée. Voilà bien une preuve que la main, placée sous une influence supérieure, est en relation sympathique avec le cerveau, centre du système nerveux. La transmission sensitive se signale clairement dans les caractères de la main, qui sont en quelque sorte la manifestation extérieure de cette transmission.

Tous les faits que j'ai allégués dans cette courte démonstration sont de la plus rigoureuse exactitude; je puis renouveler la preuve aussi souvent qu'on me la demandera.

Nos affirmations paraîtront trop positives, sans doute, surtout aux personnes peu expertes en ces sciences ; et cependant, il n'y a absolument rien de mystique dans notre thèse : tout y est vrai, tout y est réel, tout y est mathématique.

Voici nos conclusions. L'homme vient au monde avec des caractères nettement marqués ; pour le savant, ces caractères donnent exactement la mesure de son moral, et influent donc d'une manière directe sur les actes qu'il posera pendant sa vie, et qu'il ne posera que d'après ses passions, son tempérament, son caractère.

L'ART DE LIRE

DANS

L'AVENIR

———:·⁎———

Avant que de rentrer dans des démonstrations sur les signes extérieurs, je suis obligée de commencer par donner la description du tempérament moral, le seul qui puisse convenir à ma méthode. J'ajoute des figures à mes explications, pour que le lecteur puisse établir des comparaisons faciles à interpréter.

Je base mes tempéraments moraux à physionomie d'après les éléments terrestres : l'eau, la terre, le feu et l'air. Ils sont au nombre de quatre; ces quatre espèces sont :

Le *sanguin artériel*, où il y a le plus d'air ;

Le *lymphatique*, où l'humidité a le dessus ;

Le *sanguin bilieux*, où la chaleur domine ;

Le *mélancolique*, où la terre prévaut.

Il est incontestable que l'humidité et la sécheresse, la chaleur et le froid sont les quatre qualités principales du corps. De là naissent naturellement quatre tempéraments principaux.

Les diversités de tempérament sont non seulement dans les apparences extérieures du corps, mais dans la manière de sentir la marche ou la nature des maladies, le caractère de l'esprit, des penchants et des passions. Je résume ainsi ce qui correspond le mieux à notre tempérament : c'est en quelque sorte la physionomie propre à chaque homme d'après le mélange, en proportion variable, des quatre humeurs fondamentales. Je rappellerai maintes fois, dans le cours de ce livre, les formes des tempéraments au physique comme au moral, pour que le lecteur puisse se pénétrer suffisamment de ces formes et en faire une facile application.

Les quatre figures qui suivent donnent l'aspect physique des quatre tempéraments.

La première figure (n° 1) caractérise le *sanguin-bilieux*. Cette physionomie relevée comme toute prête à jeter le défi, cette grande narine faite pour une respiration forte, s'accordent bien avec ce nez busqué. On pressent la volonté, l'absolu, la domination.

Quelle différence avec la physionomie n° 2 à l'aspect mélancolique! Autant il y a de disposition impatiente dans la première, autant l'autre garde le silence de ses pensées. Les physionomies creuses, les yeux enfoncés disposent au type mélancolique.

La physionomie n° 3 n'est pas faite pour accomplir des faits de gloire militaire ou criminels, ni même des actes à procès. Si le front est le siège de la sérénité, de la joie, des noirs chagrins, de l'angoisse, de la stupidité, de l'ignorance et de la méchanceté, il est facile de discerner que celui de la planche n° 3 indique la sérénité avec une tranquillité d'âme que ne possèderont pas les trois autres.

Les docteurs en philosophie qui ont

placé la docilité et l'éducabilité au-dessus de la racine du nez ne se sont pas trompés ; nous savons qu'à cet endroit, où le front s'abaisse, l'entendement paraît se confondre avec la volonté. C'est ici où l'âme se concentre et rassemble des forces pour se préparer à la résistance. C'est bien là l'une des principales parties de la physionomie, où nous distinguerons aussi la faiblesse, l'entêtement ou la folie.

Nous voyons les personnes dont la racine du nez n'est pas anticipée par les sourcils avoir beaucoup de douceur. Le vieux dicton qui annonce la jalousie quand les sourcils se rejoignent, est plus ou moins exact. Mais nous pouvons trouver le caractère ombrageux, et les idées peuvent être arrêtées par l'entêtement. Somme toute, il faut que d'autres signes y contribuent ; cette abondance de sourcils peut être aussi un signe mélancolique, de faiblesse ou de dérangement dans les idées. Le *bilieux* et le *mélancolique* tendent davantage à la jalousie que l'*artériel* et le *lymphatique*. En résumé, que les sourcils soient abondants ou qu'ils se rejoignent, nous ne verrons plus cette qualité d'esprit et de douceur constatée au front virginal des anges et des vierges que nous ont donnés les peintres de la Renaissance. Toutes les physionomies des statues grecques expriment ce bel aspect frontal aux sourcils élargis et doucement arqués dont la planche 3 caractérise le reflet. Si la racine du nez, ou l'espace compris entre les deux sourcils, est rentrée, ce sera signe de faiblesse ; si elle est projetée en avant, elle annoncera la force, la volonté ;

Figure nº 1

Figure n° 2

Figure n° 3

Figure n° 4

si l'espace compris entre les deux sourcils est large, elle prédisposera au génie dans une tête heureusement douée.

La planche 3 annonce beaucoup de douceur entre les sourcils. On peut observer, dans la physionomie n° 1, qu'elle doit se froncer facilement. De même pour le *mélancolique,* qui gardera toujours ses impressions en soi ou les témoignera difficilement.

Le *lymphatique* (fig. 4) présente des dispositions tout à fait contraires : les actes de l'existence dans cet aspect se rapprocheront de l'*artériel*, avec cette différence, cependant encore plus accentuée, qu'il ne se rappellera guère de ses promesses, si vous ne les définissez pas immédiatement avec lui.

Aspect moral et physique du sanguin-bilieux.

L'aspect physique du *sanguin-bilieux* présente des formes saillantes et un peu dures. Les veines sont toujours très prononcées ; les yeux sont étincelants dans le soupçon ou la colère ; les cheveux sont noirs, tirant sur le brun ; le teint est souvent couleur de bile, et d'un jaune un peu verdâtre ; les cheveux ont des reflets verts plutôt que bruns. Le ton de la peau, un peu bilieuse dans le jour, devient le soir d'une blancheur mate. L'habitude du corps est plutôt sèche et maigre.

Cette disposition de tempérament donne l'ambition. Les plus grands ambitieux que le monde connaisse avaient un tempérament bilieux : ainsi Alexandre,

César, Richelieu, Napoléon. Cabanis dit qu'ils sont sublimes ou dangereux, et quelquefois dangereux et sublimes ; ils développent de grands talents ou s'abandonnent aux grands crimes ; leurs sensations ont toujours quelque chose de violent ; leurs gestes, leurs mouvements et leurs actions ont, en général, quelque chose de brusque et d'impétueux.

Le lecteur trouvera curieuses les réflexions de certains auteurs sur la nature de ce tempérament. Molière dit qu'il est irascible, d'humeur acariâtre, emporté. Destouches : « Est-il possible d'aimer un homme bilieux et colère, qu'une vétille met en fureur ? » D'Holbach : « Un législateur bilieux, sombre, capricieux et colère, fit de son Dieu un être aussi désagréable que lui-même. » Mme de Maintenon : « Travaillez sur votre humeur; si vous pouvez la rendre moins bilieuse et moins sombre, ce sera un grand point de gagné. » George Sand : « C'était un homme bilieux et mélancolique, grand, sec, anguleux, plein de lenteur, de majesté et de réflexion dans toutes ses manières. » H. Beyle : « Le tempérament bilieux est peut-être celui de tous qui est le plus propre à frapper l'imagination des femmes. » Nous savons, en effet, que ce sont les bilieux colériques qui savent le mieux s'en faire aimer.

Les maladies auxquelles ce tempérament prédispose sont les fièvres bilieuses et les fièvres que certains médecins attribuent à la prédominance de la bile sur les autres humeurs, puis au flux bilieux, aux exanthèmes, aux maladies organiques, à la dégénérescence cancéreuse.

Aspect moral et physique du mélancolique.

Le *mélancolique* présente une physionomie triste et pâle, les yeux sont enfoncés, plus petits que grands et pleins d'un feu sombre. Le nez n'est presque jamais proéminent, les ailes du nez sont petites et resserrées. Les lèvres sont le plus souvent maigres, et la lèvre inférieure dépasse la supérieure, par suite de la condition particulière de la mâchoire inférieure toujours avancée. Les cheveux sont noirs et plats; toutes les teintes noirâtres des yeux ou des cheveux, et particulièrement de la peau, leur appartiennent.

La déchéance de la santé, à laquelle prédisposent les maladies longues et chroniques, font prendre souvent la couleur et surtout le type mélancolique. La personne dont l'œil est enchâssé profondément dans l'orbite fait reconnaître déjà une prédisposition mélancolique. La mâchoire inférieure est lourde et épaisse, elle domine toujours la partie abstractive de la physionomie. Chez les personnes de cette nature, la taille est plutôt haute et grêle ; mais il est à remarquer qu'il existe aussi des types mélancoliques de petite taille. Ce tempérament moral bien accentué se fait une bile noire. Il a des monomanies caractérisées par une tristesse excessive, un état d'esprit sombre qui, quelquefois dans l'exaltation, a quelque chose d'effrayant. Le regard sombre fait frissonner comme une menace.

En médecine, on appelle ce tempérament : nerveux ou nervoso-bilieux. Nous lui gardons, pour nous, la seule désignation de la mélancolie. Les maladies prédisposantes à ce tempérament sont : l'hystérie, l'hypocondrie, les convulsions, les troubles intellectuels, la manie, les maladies des jambes, les hémorrhoïdes, la dyssenterie, l'éléphantiasis et la paralysie. La marche de ces maladies est irrégulière, et leur terminaison incertaine. Ordinairement l'existence est longue, surtout dans les grandes tailles osseuses.

Aspect moral et physique du sanguin-artériel.

Je viens de donner la description de deux tempéraments, dont l'un tire au vert, l'autre au noir ; le signalement du tempérament artériel est tout différent. La peau dans cet aspect est plutôt rose ; les cheveux, au lieu d'être noirs, sont châtains ; les yeux ne prendront jamais une teinte bien foncée, à moins qu'un mélange mixte ne se fasse pressentir.

Dans ce tempérament en aspect pur, les formes sont toujours gracieuses et belles. Beaucoup de femmes définissent assez bien ce tempérament : la poitrine est étroite, mais charnue, la gorge est pleine et ronde, les seins sont sillonnés de veines azurées, les hanches sont hautes et développées. La Vénus de Médicis exprime à la perfection ce caractère, ainsi que les vierges de Raphaël. Les formes sont rondes, les os ne se montrent nulle part, la taille est ordinairement plus petite que chez les *bilieux* et les *mélancoliques* ; mais les proportions sont gardées dans la perfection.

Les impressions chez l'*artériel* sont rapides et variées, mais peu profondes ; c'est l'opposé du *mélancolique*. L'*artériel* a beaucoup d'expansion dans la physionomie. Les maladies auxquelles ce tempérament prédispose sont les affections sanguines, les maladies causees par la trop grande abondance du sang, la pléthore, les phlegmasies profondes et les hémorrhagies.

La disposition de ce tempérament peut aussi amener des affections des parties génitales ou de la matrice, des obstructions des reins et de la vessie.

Aspect moral et physique du lymphatique.

Nous avons vu que l'aspect du *bilieux* donne des teintes verdâtres, puis noires pour le *mélancolique*; le *sanguin-artériel* se distingue par des tons roses. Nous voici à la teinte lymphatique, il est facile de définir cette couleur en comparaison des autres.

La peau des *lymphatiques* est blanche, étiolée, les cheveux sont clairs, tirant sur le blond.

Ces quatre espèces de tempérament offrent des différences fort bien distinctes : les célèbres peintres les ont observées dans leurs tableaux quand ils représentaient ces mélanges de femmes brunes, blanches, roses ou noirâtres. Ils connaissaient à merveille ces différences, pour en obtenir les effets les plus merveilleux. L'école d'Ingres et d'autres maîtres ont bien su tenir compte de ces variétés des espèces, peu observées cependant par des artistes de nos jours, qui jouissent d'une grande notoriété.

Leur propre faiblesse est telle dans la connaissance de la science de l'homme, qu'ils ne craignent pas de prendre des têtes de bergers pour exprimer le caractère physionomique de grands capitaines; comme d'autres s'en vont chercher des mendiants à grande barbe, des portefaix même, pour nous représenter des saints ou des dieux. J'ai vu dernièrement encore, dans un tableau historique, des physiques d'évêques et de cardinaux représentés sous des physionomies débonnaires d'hommes dont le métier est de charrier les pierres et les sables dans les bateaux. Il n'est pas besoin d'être membre de l'Institut pour observer si peu les différences physionomiques.

Mais nous nous éloignons de notre sujet. Les traits de physionomie des *lymphatiques* ont une expression insignifiante; les yeux sont clairs, souvent bleuâtres; le nez est petit et rentré, le bout est souvent rond; les lèvres sont flegmatiques et font la moue; le ventre est mou, souvent obèse; les attaches des articulations sont lourdes et épaisses. Cet aspect est tout à fait opposé au système nerveux des *mélancoliques* et des *bilieux*. Le tempérament sanguin-artériel est celui qui se rapproche le plus du lymphatique.

Les dispositions morales du *lymphatique* caractérisent des passions, des appétits, des penchants sans énergie;

cependant, c'est dans ce tempérament que la plus légère anomalie a sa plus grande signification. Qu'un mélange mixte se fasse pressentir avec des anomalies, vous trouverez alors ce que J.-J. Rousseau dit des flegmatiques : « Ils paraissent froids, doux, patients, modérés ; mais en dedans ils sont haineux, vindicatifs, implacables. » La Bruyère avait raison de dire : « D'où vient que les hommes qui ont un flegme tout prêt pour recevoir indifféremment les plus grands désastres s'échappent et ont une bile intarissable sur les plus petits inconvénients ? »

Ces formes présentent des anomalies et des mélanges mixtes ; autrement, nous verrons le *lymphatique*, à part ses prédispositions à la curiosité, à l'espionnage même, posséder un caractère doux, mobile, changeant, et rester indifférent à la haine et l'amour. Le *lymphatique* apporte avec son tempérament les catarrhes, les écoulements chroniques, les hydropisies, la scrofule, le scorbut. Ses réactions sont faibles à marche lente.

Je conclus en disant que le tempérament artériel se rencontre le plus souvent avec les cheveux châtains et leurs nuances; le lymphatique avec les tons blonds (le rouge n'est qu'une forme exaltée du blond); le ton noir des cheveux et ses modifications désignent le tempérament sanguin-bilieux, et dans sa nuance la plus foncée le *mélancolique*. Ce dernier présente des cheveux plats.

Pour pouvoir discerner la forme du tempérament et en faire une facile application, il faut avoir la connaissance des signes extérieurs jusque dans leurs plus petits détails. C'est ce que je vais essayer de faire connaître plus loin par quelques démonstrations. Auparavant, je dois faire observer que les quatre physionomies principales que je viens de décrire forment entre elles des mélanges qui font des tempéraments mixtes. Je les désignerai chaque fois qu'ils se présenteront dans le cours de mes observations.

A ces quatre tempéraments principaux et leurs mélanges se joignent trois autres influences bien distinctes, je veux parler de l'aspect colérique et, en même temps, de certains aspects cérébraux que je classe en *spirituel* et en *naturel*. Nous savons que le tempérament colérique est sujet à beaucoup d'erreurs, à des emportements, à des volontés qui occasionnent des ruptures et peuvent provoquer des catastrophes. L'influence cérébrale *spirituelle* ne désigne que des penchants et des goûts élevés vers les arts et les sciences. L'aspect cérébral *naturel* sera porté vers les études scientifiques et l'industrie, dans une sphère beaucoup moins élevée que le premier. En résumé, ces influences ont des formes significatives. Je donnerai également quelques aperçus sur les maladies dont la prédisposition se reflète par des signes particuliers à l'extérieur.

Je n'appliquerai que des généralités, mais elles seront justes quatre-vingt-dix fois sur cent. En tenant compte que toute science doit présenter sa lacune, il n'en faut pas plus pour donner la preuve exacte de ma science.

On peut observer, par les planches qui suivent, que les formes des mains indiquent aussi la nature du tempérament au physique et au moral. Dans le but de rentrer dans les explications le plus clairement démontrées par les faits, j'ai pris des empreintes sur nature, comme on peut en juger par les planches qui suivent. Ces empreintes reproduisent les caractères de la main avec une netteté parfaite, mieux même que la photographie ne pourrait le faire. J'indiquerai aux lecteurs le curieux procédé à l'aide duquel j'ai obtenu les empreintes de mains qui m'ont guidé dans mes études.

Après avoir mis un peu d'eau dans le creux de la main, vous savonnez l'intérieur de la main avec du savon mousseux, sans trop mouiller, en étendant la couche de savon jusqu'aux extrémités des doigts. Ensuite, vous ajoutez une petite pincée de mine de plomb, que vous étendez légèrement. Après cette préparation, la couche légère devient pâteuse; on en profite pour l'appliquer sur une feuille de papier blanc, en appuyant énergiquement avec l'autre main restée libre. (On a soin, pour imprimer la main, de se servir d'une table de bois très unie.) Par ce procédé, et en évitant de trop noircir, on obtient la reproduction parfaite des lignes et de la forme de la main.

La planche 5 appartient à une personne mélancolique. Elle est grande et un peu plus étroite, en comparaison des autres ; les phalanges sont également plus longues, les articulations plus saillantes, la forme des mains plus maigre. On pressent l'esprit d'analyse porté de préférence aux détails, à la précaution, à la minutie, à la manie, à la susceptibilité. Cette forme dénote des aptitudes à la recherche des causes.

La sixième représente une constitution artérielle : la main est plus petite et plus grasse, la paume est plus épaisse, la saillie supérieure est comparativement plus développée. Les articulations des doigts sont fines, peu apparentes, et forment absolument le contraire des doigts noueux. Cet ensemble toujours rigoureusement en corrélation avec la physionomie donne l'esprit qui juge les choses par l'ensemble ; c'est le jugement instantané, la pensée spontanée, le sans-façon pour le genre de vivre. Dans les affaires de la vie, cette qualité d'esprit voit rapidement et très souvent juste. Il fait bon à vivre dans l'entourage de ce genre de caractère, malheureusement trop souvent dupe.

La septième planche annonce un caractère plus décisif, plus bilieux, plus positif. La main de cette personne indique un caractère plus fort, plus déterminé. Selon les aptitudes, on créera toujours quelque chose par besoin de mouvement. Que le lecteur observe bien la grandeur de l'annulaire, comparativement à l'index, et qu'il remarque les différences d'avec les figures 5 et 6. La cinquième se raisonnera beaucoup trop avant que de faire suivre ses pensées par l'action ; si cette action existe, elle pourra manquer son but par suite de ses hésitations, secondée par une volonté mal déterminée. La sixième n'osera pas faire suivre ses pensées par les faits ; elle attendra pour cela le moment d'y être obligée. La septième accomplira non seulement les faits que lui dicteront ses pensées, mais elle ira jusqu'à la provocation. Avec une pareille disposition, on aura des renversements et des changements brusques de position, la fortune ou la chute.

La qualité essentielle de l'esprit et ses degrés de force ou de faiblesse régissent supérieurement les dispositions de la fortune ou de la position. Cette lutte intérieure entre la volonté et le pouvoir est assez franchement indiquée, dans la septième planche, par cette ligne moyenne prenant au milieu de la paume, hachée et coupée par des lignes anormales.

On m'a souvent entretenue de la graphologie. Tout en reconnaissant la parfaite logique de cette science, j'estime que, parfois, elle ne révèle pas tout ce que nous tenons essentiellement à connaître; elle n'est qu'un reflet bien pâle de la nôtre, qui vise beaucoup plus loin en pénétrant souvent les mystères du passé, comme ceux de l'avenir. Je n'en parlerai donc pas dans mes démonstrations.

Que le lecteur retienne bien que je n'aurai garde d'affirmer que les caractères extérieurs de la main sont des signes mystiques ou surnaturels. J'affirme, au contraire, que ces signes n'ont rien de magique ni de surnaturel. Pour mieux m'exprimer, j'appelle un signe une anomalie, ou encore mieux un caractère qui, à mes yeux, est normal ou plus ou moins anormal. Je dirai donc que les lignes de la main, dans leur ensemble d'anomalies de formes et de situation, font pressentir non seulement la qualité des sentiments et de l'âme, mais expliquent aussi la constitution des faits.

La planche 10 permettra au lecteur de se familiariser avec les caractères de la main. Voici la définition des lignes de cette main :

La ligne supérieure 1 contourne la saillie du pouce.

La ligne moyenne 2 traverse le milieu de la main.

La ligne inférieure 3 est parallèle à la ligne moyenne.

La petite ligne inférieure 4 est parallèle à la ligne inférieure ; cette petite ligne encercle le plus souvent les deux doigts du milieu, mais cette disposition ne se présente pas dans toutes les mains.

Les autres lignes, qui partent du côté du poignet, aboutissent toutes à chacun des doigts de la main.

La ligne médiane ou centrale 5 se termine à la base du doigt médius.

La ligne de l'annulaire 6 se termine à la base de ce doigt.

La ligne 7, que nous appelons hépatique ou ligne de l'auriculaire, se termine également à la base du petit doigt.

On peut m'objecter que la main présente d'autres signes, par exemple, les signes que nous enseigne la tradition des chiromanciens. Je répondrai que je ne peux placer ici que des observations confirmées par des faits.

Du reste, la main possède souvent des lignes que l'on peut appeler supplémentaires ou anormales ; je les ferai connaître dans le cours de mes observations.

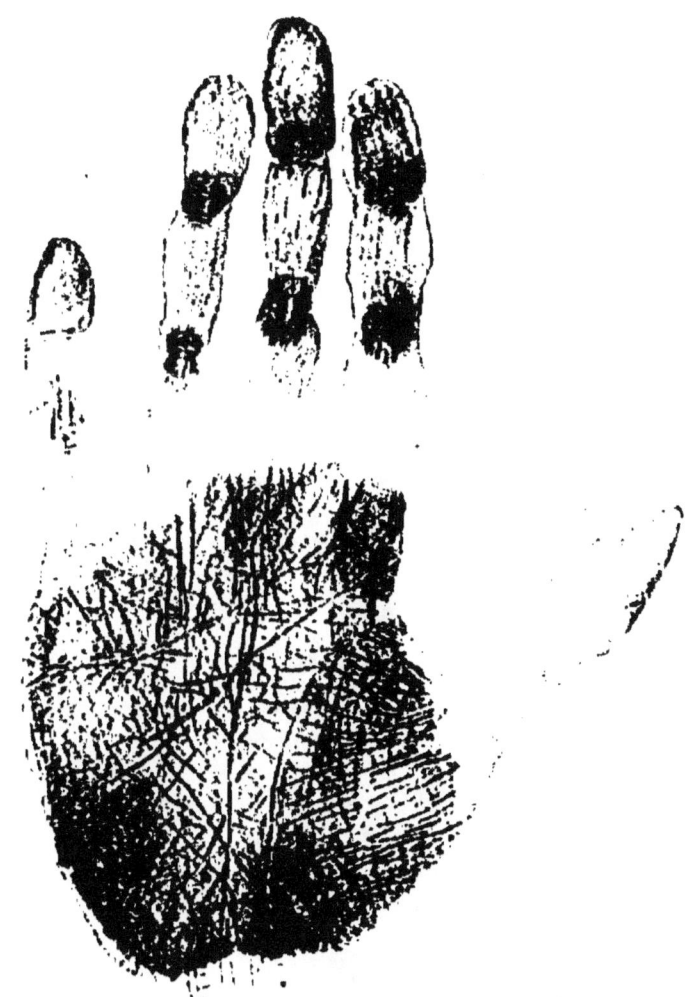

Planche n° 5

Planche n° 6

Planche n° 7

Plancho nº 8

Planche n° 9

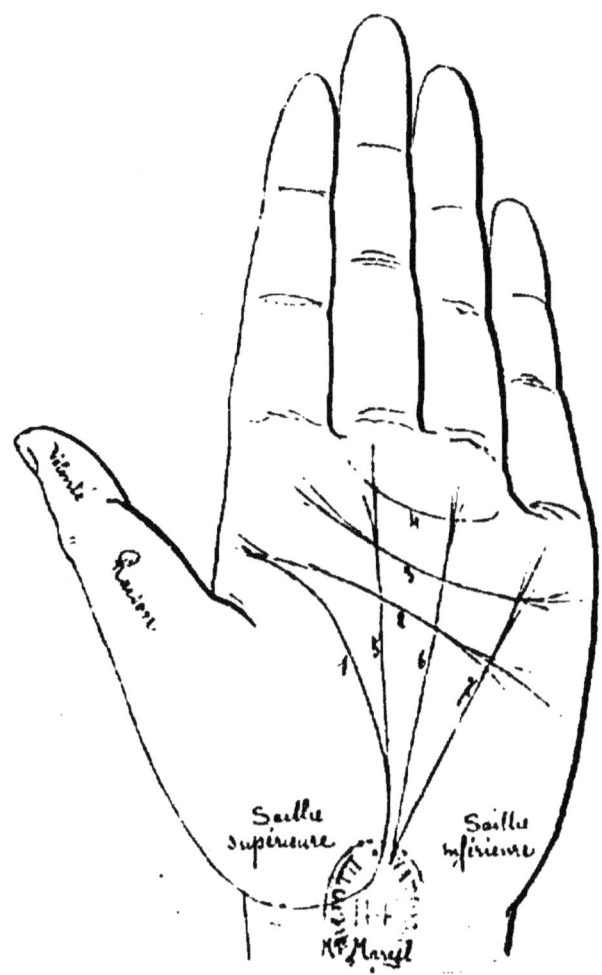

Planche n° 19

Observations faites sur les tempéraments et leurs mélanges mixtes, d'après les formes triangulaire et quadrangulaire des lignes de la main.

Le lecteur trouvera utile la description que je donne des quelques événements particuliers où les tempéraments et leurs mélanges mixtes prédominent.

Je dois faire observer que, pour savoir lire sur les signes extérieurs, il faut, lors même qu'un caractère n'est pas apparent, savoir constater quelle disposition s'y trouve.

Cet avis a particulièrement son importance pour le triangle. Le triangle de la main est formé par la ligne supérieure, la ligne moyenne et la ligne hépatique.

La moindre anomalie de ces trois lignes enfante de suite une cause.

Si l'hépatique manque dans la main, il faut tenir compte quand même de la forme triangulaire large ou étroite.

La bonne disposition du triangle doit s'observer particulièrement à la jonction de la ligne moyenne et de la ligne supérieure, et, d'autre part, à l'élargissement spacieux que la ligne moyenne laisse dans son intervalle avec la ligne supérieure. Ces deux lignes, à leur jonction, doivent se toucher; si elle sont détachées, elles annoncent déjà des résolutions inconséquentes ou imprévues qui peuvent quelquefois décider du succès ou précipiter des chutes, par imprudence ou faux calculs.

Quand la ligne hépatique est apparente et définit un triangle large et spacieux, sans aucune anomalie désavantageuse, il faut reconnaître de bonnes dispositions. Cette forme donne un ensemble d'harmonie parfaite entre les qualités de l'esprit et des organes de la vie.

En outre, si les phalanges du pouce, la volonté et la raison, sont égales, de même grandeur, avec une disposition physionomique supérieure, comme un front noblement voûté et des sourcils marqués, fournis, réguliers, un pli sensible entre les deux sourcils, sans anomalies nuisibles, vous rencontrerez alors les dispositions suivantes chez un *sanguin-bilieux* : des aptitudes aux sciences, aux fonctions publiques, avec ambition de s'élever, d'acquérir du mérite dans les gouvernements, dans la magistrature, l'art militaire ou la hiérarchie religieuse.

Les hommes sous l'empire de ce tempérament acquièrent facilement l'expérience.

Si ce *sanguin-bilieux* présente une teinte colérique, la phalange onglée deviendra plus énergique, c'est-à-dire un peu plus large ou plus grande que la deuxième, la raison.

Le front pourra se présenter plus court, mais il n'en sera que plus solide, surtout s'il est perpendiculaire et noueux. Les sourcils, dans ce caractère, sont ordinairement droits, horizontaux, quelquefois hérissés, en broussailles, ce qui est absolument incompatible avec les nuances artérielles ; cette forme de sourcils en broussailles enlève toute attention, toute douceur et même la souplesse d'esprit. Cet aspect donne la bravoure et une grande confiance en soi-même, qui favorisera les chances de la fortune.

Ces qualités sans anomalies nuisibles font triompher des obstacles, des rivalités même, et si des procès se font pressentir, on obtiendra certainement gain de cause.

Si vous avez une affaire à confier à un avocat, voyez son nez : s'il est proéminent et busqué, avec une bouche impérative et d'autres signes analogues, vous le verrez déchirer dans la lutte tous les sentiments pour gagner votre cause. Ce tempérament dominateur obtient souvent des succès par quelques audacieuses entreprises.

Un *bilieux mélancolique* présentera quand même l'ambition que donne le bilieux, mais on trouve plus d'aménité de caractère, plus de douceur. Le caractère deviendra particulièrement prudent. Avec de bonnes qualités, une forme

4.

triangulaire parfaite dénote la prudence jointe à la ruse, l'esprit diplomatique et de remarquables aptitudes scientifiques.

Un tempérament bilieux influencé de lymphatisme donne un caractère et un esprit moral porté de préférence vers les inclinations religieuses. Avec de très bonnes dispositions, cet aspect donne des aptitudes à la législature, aux professions libérales et des dignités.

Le tempérament bilieux artériel fait un caractère ouvert, très sympathique et loyal. Ce mélange fera aimer la mise riche, les parures, les bijoux, et donne de bonnes mœurs. Il est bien entendu que nous ne devons trouver aucune anomalie venant contrecarrer la bonne désignation des signes dont nous avons parlé plus haut.

Les personnes qui, par leur intelligence, leurs occupations, comme par leur existence, sont poussées à ne s'occuper que de travaux d'esprit, sont désignées comme tempéraments cérébraux. J'ai fait pressentir déjà ce que j'entendais par *spirituel* et *naturel.*

Le *sanguin-bilieux* en aspect cérébral *spirituel,* avec un triangle spacieux bien écrit, réunira les aptitudes les plus solides et les plus profondes. Elles donneront une âme élevée et entreprenante, un esprit droit, stable, spécial et brillant. Nous reviendrons sur ce caractère d'esprit dans l'étude du quadrangle.

Chez ce tempérament sanguin-bilieux, dans des dispositions moins élevées, c'est-à-dire en aspect *naturel,* nous trouverons une grande loyauté et de l'honnêteté; il y aura peu de violence de caractère. On aime les arts libéraux et les sciences, particulièrement la chimie.

Néanmoins, si le triangle de la face palmaire, au lieu d'être bien tracé, bien coloré, spacieux et large (ce qui prédispose au bonheur comme à une bonne santé), se trouvait, au contraire, tout petit et restreint, avec un pouce petit ou anormal, et des anomalies de la physionomie, telles qu'aucune saillie significative entre les deux sourcils; si cet intervalle était absolument plat, sans lignes perpendiculaires, tandis que le reste du front serait sillonné, ce qui indique le contraire du bon sens puisque la moindre passion, la moindre ambition, la moindre étude, nous donnent de suite des plis plus ou moins sensibles, il faudrait voir là le signe certain de l'infériorité.

En effet, moins on aperçoit d'enfoncements ou de sinuosités au front, plus on y trouve une surface aplatie. Un nez sans inflexions douces, sans entailles légères, sans ondulations plus ou moins marquées, des doigts présentant une forme anormale, particulièrement l'index plus ou moins droit, avec l'articulation de la phalange onglée un peu noueuse, donneront dans toutes les formes de tempérament une prédisposition au manque de prudence et d'esprit de justice, de conscience et de fermeté. L'esprit ou le caractère ne sera jamais doué de bonne circonspection. On peut sur le tard incliner à l'avarice, sans avoir eu beaucoup d'ambition.

Si on ajoute encore des coupures de lignes de la médiane ou de l'annulaire, ces dernières se présentant discontinues et brisées, vous rencontrerez chez un *sanguin-bilieux* des renversements de position, des dangers de ruine.

Chez un bilieux colérique, attendez-vous à ce que l'esprit soit entraîné à travers des errements qui compromettront les chances de l'avenir. On perdra les procès qui existeront particulièrement dans cette forme.

Le *sanguin-bilieux* avec une teinte lymphatique n'aura que des instabilités de position ou de fortune. Il est inutile de dire que, dans ces quatre formes anormales, aucunes dignités, aucuns honneurs n'existeront. Ce mélange donne une assez grande force d'âme devant les épreuves de la vie.

Que ce soit la teinte mélancolique qui se fasse pressentir en mélange avec le *sanguin-bilieux*, les intentions et les calculs ne produiront que de mauvais résultats.

Dans l'aspect sanguin bilieux nuancé d'une teinte artérielle avec ces anomalies, l'existence ne sera couverte quand même que par des déceptions.

En aspect cérébral *spirituel*, on peut perdre sa fortune après avoir été mis en honneur.

En aspect cérébral *naturel*, les discordes seront cause de fâcheux inconvénients pour la fortune ou la position. Cette qualité cérébrale étant portée beaucoup plus que les autres aux amitiés, aux relations, à la famille, les déboires de l'existence viendront de ces causes de préférence.

Je confirme ici que, lorsque l'angle formé par la ligne supérieure et la ligne moyenne est net, bien fait, qu'il se réunit vis-à-vis de l'index, il y a toujours de bonnes dispositions d'esprit et de la délicatesse. Joignez aussi une main très souple et des doigts non déformés c'est-à-dire droits sans être tordus, des ongles plus longs que larges, un front possédant des lignes parallèles pas trop profondes, sans anomalies pour le reste du physique, nous aurons affaire à quelqu'un de judicieux, probe et de bonne foi, doué d'une nature noble.

Néanmoins, si l'angle formé par la moyenne et la supérieure se rencontre à leur jonction vis-à-vis le médius, on aura toute la mauvaise disposition précitée.

Si cette jonction se fait encore plus basse dans la face palmaire, attendez-vous à une accentuation plus mauvaise, à moins que d'autres qualités ne viennent contrecarrer cette mauvaise disposition.

Avec des anomalies, la vie peut être misérable, et il en peut résulter des conséquences.

Le triangle est apparent planche 5, et ne l'est plus du tout dans la planche 6. La qualité de l'esprit est très judicieuse dans le 5, et l'esprit est plus scientifique.

En revanche, l'*artériel* aura quand même des dispositions supérieures pour le bonheur de son intérieur. Ses affaires seront dirigées avec moins d'erreurs que la première.

Mais, en résumé, ni l'une ni l'autre ne possède les formes requises du triangle.

La planche 8 approche beaucoup plus du triangle parfait par la netteté de ses lignes. Mais là encore la ligne moyenne est séparée de la ligne supérieure, ce qui indique une anomalie nuisible, tout en constatant les qualités requises dans les proportions de la main.

La forme quadrangulaire de la main n'est pas moins importante que le triangle. Cette forme est l'espace compris entre la ligne inférieure et la ligne moyenne. Le quadrangle doit être large en face l'index et vis-à-vis de l'auriculaire. Son plus grand rétrécissement existe entre le médius et l'annulaire ; la largeur de ce rétrécissement doit représenter la moitié de la distance de la ligne inférieure à la base des doigts. Plus étroite, elle indiquerait déjà une anomalie avec des dispositions contraires aux bonnes qualités que donne le quadrangle. Au lieu de présenter de la loyauté et une égalité de tempérance et de chaleur naturelle, l'esprit serait disposé à la malignité ou pourrait être injuste et tromper occasionnellement.

Que cette disposition de la main rentre en corrélation avec des signes physiques particuliers, par exemple le nez penchant extrêmement vers la bouche, et la lèvre supérieure enfoncée pour laisser déborder l'inférieure, vous aurez en plus affaire à quelqu'un qui ne sera ni bon, ni gai, ni grand, ni noble. Nous rencontrerons plutôt de la froideur, et une certaine sagacité à la ruse. Le nez penché vers la bouche dispose au caractère hypocondriaque, c'est-à-dire à la mélancolie.

Etudions maintenant l'influence de ces anomalies sur les actions de l'individu. Ayant déjà observé que la ruse dominait les qualités de l'esprit, la partie du crâne au-dessus de l'oreille peut nous donner des saillies particulières. Si toute cette partie pariétale est développée, nous nous trouverons en face d'un sujet qui exercera toute son activité, toute sa ruse à acquérir et à posséder. Comme les anomalies indiquent de l'exagération, il y aura de l'avarice, de la cupidité. Joignez à cela une ligne moyenne mince et longue, toutes ces facultés iront jusqu'à l'hypocrisie, la fourberie et même le vol. Dans ces formes, nous rencontrerons irrévocablement des signes certains de grandes lignes brisées et coupées, quelquefois absence complète de ligne inférieure. Il est bon de remarquer que l'absence de la ligne inférieure n'indique nullement le vol dans une nature bien organisée, mais elle peut être un mauvais indice avec des penchants criminels.

Le quadrangle manquant dans la main,

cette anomalie peut annoncer des maladies ou des dispositions contraires aux bonnes qualités ; quelquefois on observera des penchants criminels, de la méchanceté ou des malheurs.

Quand la forme du quadrangle est régulière et gracieuse, elle donne de la bienveillance, de la générosité et une bonne constitution. Il faut savoir tenir compte, dans la forme quadrangulaire, si la ligne moyenne est bien placée et si la ligne inférieure n'est pas trop portée sur la moyenne ; cette disposition annoncerait plutôt de la mesquinerie. Une ligne moyenne, trop jetée sur l'inférieure, indiquera bonté, générosité et timidité dans les actes de l'existence.

Si, chez un *sanguin-bilieux*, on observe une disposition quadrangulaire parfaite et une même analogie pour le triangle, si ces deux formes se font pressentir bien tracées et régulières avec des doigts carrés, un pouce fort, les obstacles seront en partie toujours surmontés. On aura des aptitudes supérieures pour faire un courtisan habile, l'esprit se distinguera par une grande générosité, on aime à protéger. Il y aura prudence et circonspection, esprit de justice, cœur dévoué, sympathique, fermeté et constance d'esprit. Cette forme élève toujours dans les carrières des sciences et de l'ambition.

Le caractère physionomique donne plutôt, dans cet aspect, des yeux grands, ouverts, d'une clarté transparente. Les lèvres seront bien proportionnées. Le tempérament sanguin-bilieux avec ces signes perfectionnés possède des sourcils nets, épais, sans proéminence sauvage. Maintenant, si ce tempérament sanguin-bilieux est colérique, avec les extrémités des doigts carrées, cette ambition deviendra provocatrice et atteindra souvent le but projeté avec d'autant plus de sûreté que les doigts carrés annoncent la vérité, l'ordre, la justice. Les entreprises, dans ce cas, seront dominées par cet esprit qui base toutes choses selon les règles de la hiérarchie ou de la raison.

Que ce caractère soit plus accentué encore, nous verrons des sourcils plus épais ou plus noirs, le front plus remarquablement osseux, les yeux plus grands et comme ombragés par les sourcils et un pli au milieu de la joue. Cet aspect donne le plus grand mépris du danger et une force de volonté d'autant plus redoutable, que la phalange onglée du pouce est grande et large.

Un célèbre homme d'Etat étranger, qui a su tout dominer, représente à merveille ce dernier caractère.

Cette disposition bilieuse colérique, avec des signes parfaits, donne une haute ambition, l'audace et le savoir-faire. On sera de difficile accès, on aimera les luttes jusqu'à les provoquer pour avoir le plaisir de vaincre. La volonté est ferme, persévérante ; elle sera jointe à des aptitudes aux commandements, au gouvernement ; c'est un signe certain d'esprit supérieur, qui peut conduire à la célébrité.

Le tempérament sanguin-bilieux nuancé d'une teinte de lymphatisme fait les yeux plus clairs, presque bleus, les cheveux moins foncés, la peau un peu plus blanche.

La forme parfaite des signes ci-dessus

donne une bonne conscience, de bonnes
mœurs et de l'autorité. Ce mélange modifie un peu les impressions et la manière
de voir. Le caractère est éloquent, il
s'élèvera de lui-même par des aptitudes
multiples et son propre mérite.

Le *sanguin-bilieux* influencé de mélancolie aura une certaine douceur, de la
piété, une gaieté douce sans éclat, une
grande prudence avec tendance à l'hypocondrie. Il y aura des aptitudes scientifiques. On obtiendra du succès par des
œuvres remarquables sur des parties
toutes spéciales des sciences et des arts,
si le triangle et le quadrangle sont réguliers.

Cet aspect caractérise souvent une
teinte plus brune que le *bilieux,* c'est-à-
dire les cheveux plus noirs ; et la peau,
de bilieuse qu'elle était, prendra une

teinte plus foncée, particulièrement aux contours des yeux.

Il est facile de reconnaître dans cette forme le bilieux mélancolique de George Sand, dont nous avons parlé plus haut.

Ces signes perfectionnés donneront de préférence, chez un *sanguin-bilieux* en aspect artériel, un caractère droit, franc, ouvert, communicatif. L'influence artérielle modifiera l'influence bilieuse, le sujet s'apaisera vite dans ses moments d'irritabilité. Les passions seront profondes, mais honnêtes.

L'esprit est inventif et scientifique mais beaucoup plus par amour de la vie que par amour de la science.

Le tempérament sanguin-bilieux en aspect cérébral *spirituel*, c'est-à-dire avec des signes physionomiques supérieurs comme l'observation et la causalité, le triangle et le quadrangle parfaits, formeront la sphère la plus élevée que l'on puisse désirer. La sagesse, la force d'esprit, la prudence et la raison seront réunies pour protéger contre tous les déboires de l'existence. Beaucoup d'hommes d'Etat, de célébrités littéraires et artistiques possèdent des particularités à cette disposition, qui amène toujours avec elle la suprématie.

Dans cette sphère, on aura le mépris des grandeurs, qui viennent, malgré tout, d'elles-mêmes. Les passions seront fortes mais raisonnées. Les desseins seront poussés jusqu'au bout, même au risque de se perdre.

Tous les hommes supérieurs possèdent cet élargissement significatif des tempes à la hauteur horizontale des yeux, ce qui fait paraître leur mâchoire plus petite.

Inversement, les hommes à esprit inférieur ont la mâchoire dominante, ce qui occasionne une rentrée des tempes. Il est facile d'observer cette différence en comparant des physionomies de portraits vues de trois quarts à la hauteur horizontale des yeux.

Cette classe de tempérament sanguin-bilieux en aspect cérébral descendu de quelques degrés, c'est-à-dire dans l'aspect cérébral *naturel*, ces lignes parfaites donnent le savoir-faire, l'esprit subtil, la vigilance et l'assiduité. L'esprit est inventif, on aura des aptitudes au négoce, à l'usage des choses de la vie. On peut être orateur, écrivain, et avoir le goût des sciences et des arts.

Maintenant, que le quadrangle soit, comme nous avons dit plus haut, mal fait, coupé, sillonné de lignes nombreuses, avec des caractères physiques de physionomie, non altérés, plats, sans nuance, sans ondulation quelconque, ou bien si la figure, la bouche, l'écriture sont de travers, il se présentera alors l'inverse de ce que nous attendrons.

Ajoutez à ceci quelques doigts de la main tordus, mal faits, et des phalanges onglées, saillantes, donnant une teinte de doute, l'esprit sera inconséquent dans ses procédés et sa manière de voir.

Nous trouvons assez de dispositions dans les traits anormaux pour affirmer que la masse de ces anomalies forme une barrière infranchissable pour certains êtres que la nature n'a pas doués; il leur est facile, à ceux-là, de faire un pas de travers et de couler leur destinée. Nous savons qu'un caillou peut causer la chute d'un empire.

Ces formes d'anomalies chez un *sanguin-bilieux*, avec son caractère plus fort, le feront s'anéantir plus vite ou avec plus de fracas ; la jeunesse pourra être très éprouvée par de véritables chocs inattendus. La destinée se brisera d'autant plus vite dans la jeunesse, s'il existe une forte teinte colérique et de mauvaises inspirations.

Le *bilieux* avec une teinte lymphatique et de pareils signes anormaux, est inconstant d'esprit et de caractère. Cette hostilité mobile entraîne les chances de la position qui ne sera pas durable.

Dans l'aspect artériel en mélange avec le bilieux, le caractère peut être quand même fidèle et de bonnes mœurs ; mais les causes occasionnelles prédisposantes donneront de l'inconstance dans les affections.

Quant à l'aspect cérébral *spirituel*, en gardant des proportions spéciales d'esprit supérieur, si le triangle et le quadrangle présentent de mauvaises anomalies, on éprouvera des obstacles, des persécutions en rapport avec lesdites anomalies.

De même pour l'aspect cérébral *naturel* : malgré ses bonnes dispositions en sciences mathématiques, il y aura luttes et empêchements d'atteindre les honneurs par le travail.

La forme quadrangulaire des lignes de la planche 5 est contrariée par cette ligne moyenne, séparée de la ligne supérieure vis-à-vis de l'index. Il y a là une anomalie bien distincte. Nous reviendrons sur ce sujet en temps et lieu. La forme quadrangulaire est mieux écrite dans la planche 6, l'arrangement est plus en rapport avec ses éléments.

Le n° 7 est tout à fait anormal.

Les n°s 8 et 9 présentaient de bonnes dispositions, mais la ligne moyenne est encore détachée de la saillie supérieure.

Les mêmes genres de caractères se répètent sur tous les hommes, mais le tempérament, en même temps que la forme toute spéciale des signes extérieurs de chaque individu, modifie toujours la manière de voir. Ainsi, il est facile de comprendre ces modifications.

Le *mélancolique* aura ses pensées portées de préférence vers le génie, la rêverie.

Dans ce caractère, les doigts sont souvent longs et les extrémités encore plus carrées que chez le *bilieux,* ce qui leur donne un excès d'amour de l'ordre. Remarquez que nous pouvons parfaitement rencontrer un *mélancolique* avec des doigts pointus, car il y a toujours des exceptions à la règle.

Les *mélancoliques* ont l'esprit moral porté à la sagesse, à la précaution. Ils aiment le solide et sont d'une exactitude hors ligne et d'une prudence excessive.

C'est dans ce tempérament que le pouce est souvent le plus fort, avec des doigts noueux. Aussi ont-ils des aptitudes aux chiffres, aux sciences raisonnées, à l'agriculture, à l'architecture, aux ponts et chaussées, etc. Les doigts noueux indiquent de l'ordre dans les idées.

Je profite de ce passage pour faire connaître que l'articulation de la phalange onglée trop développée donne un excès d'ordre dans les idées, le doute quand même. Avec une semblable disposition, la raison guide l'amour.

L'articulation du milieu des doigts développée à l'excès prédispose à l'ordre matériel, à l'ordre dans les affaires, aux calculs, aux choses qui portent avantage et aux jouissances de la matière. On trouve cette articulation développée, très commune, chez les commerçants, les spéculateurs. Les articulations trop saillantes portent à l'égoïsme.

Si elles sont développées à l'articulation qui porte l'ongle et à celle du milieu des doigts, elles donnent la raison et le réalisme réunis.

Le corps présentera une même analogie ; les grosses articulations, les os de la tête, les maxillaires supérieurs et inférieurs seront saillants, la mâchoire inférieure surtout épaisse et lourde.

J'ai insisté sur ces signes particuliers,

la forme mélancolique s'y rattachant de préférence.

Voici encore des observations spéciales à celles déjà citées plus haut.

Nous avons dit que ce tempérament était dominé par la prudence et la sagesse. Le signe infaillible attestant ces deux qualités se trouve de préférence au menton ; c'est à cette partie que le *mélancolique* doit être le plus particulièrement observé. La forme du menton étant presque toujours saillante dans ce tempérament, nous verrons de suite par sa forme en corrélation avec la bouche le fond moral du sujet que nous voudrons observer.

Si le front est judicieux, la forme du nez assez grande, assez solide, avec des narines développées, un triangle et un quadrangle parfaits, nous rencontrerons alors chez ces *mélancoliques* de profondes aptitudes aux mathématiques et des dispositions pour les fonctions élevées. Ils seront coiffés en plus d'une logique inexorable. L'esprit est d'une exceptionnelle gravité, avec une pointe d'orgueil.

Si une teinte colérique se fait pressentir, ceci n'empêchera pas, quand même, des aptitudes remarquables. La colère habituelle sera toujours dominée par la mélancolie et la taciturnité. J'ajoute ici que c'est dans cet aspect, quand des causes provoquent la colère poussée aux dernières limites, que l'on se trouve vis-à-vis des colères sourdes les plus redoutables. On voit souvent ces caractères secs, osseux, développer une force terrible.

J'ai observé l'exemple suivant chez un

mélancolique osseux et colérique, qui affectionnait de petits oiseaux qu'il avait dans une cage. Etant absent de chez lui, il trouva ses oiseaux mangés par son chat. Cet homme fit passer l'animal dans un appartement où ne se trouvait aucun meuble; puis il l'attaqua comme dans une arène, et, sans aucun instrument, le tua à coups de poing, malgré les bonds prodigieux de la bête.

On voit là toute la colère que l'on peut rencontrer chez un *mélancolique* irritable. Ce n'est guère un *sanguin-bilieux,* ni un flegmatique et encore moins un *artériel,* qui auraient affronté une semblable lutte.

Le tempérament mélancolique nuancé de lymphatisme éclaircit beaucoup le regard ; on rencontre assez souvent ces individualités sèches, osseuses ou nerveuses, avec des yeux gris-bleu. Cet aspect rend le sujet parcimonieux et dispose l'esprit de préférence à l'architecture, aux inventions mécaniques. Selon ses qualités, ce caractère rend appliqué aux grandes choses. L'esprit est lent dans les résolutions, souvent agité, il éprouve quelquefois des terreurs inexpliquées. C'est dans ce mélange que l'on peut trouver des imaginations lugubres, des goûts étranges portés vers tout ce qui est fantastique.

Les écrivains, les musiciens, les poètes influencés par ce tempérament mettront une teinte lugubre et mélancolique dans leurs œuvres. Le caractère individuel se sentira porté de préférence aux longs voyages, surtout si le doigt annulaire est très développé et si la saillie lymphatique ou inférieure de la main est sillonnée de raies ou de lignes. Je ferai connaître plus loin les signes affectant cette disposition, dans la forme plus déterminée du bilieux.

Le *mélancolique* avec une teinte artérielle aura d'heureuses inclinations, de la sagesse, un bon entretien, un esprit bienveillant, ami de la concorde et de la paix. Il peut y avoir inconstance de volonté et de conduite. Ce mélange fait aimer la solitude et donne, comme à l'aspect précédent, la lenteur dans les actes.

Les tons bleus ou noirs des yeux s'éloignent plus de cette forme que les tons gris-jaune. Cette couleur des yeux doit néanmoins concorder avec les autres parties du corps pour annoncer un mélange artériel. Ce tempérament, accompagné des signes parfaits dénommés plus haut, assure de bonnes dispositions, une légère tendance à la jalousie, et cette jalousie aura pour cause bien souvent des motifs de femmes. On éprouvera certainement de ce côté quelques chagrins, dont nous parlerons sans doute plus loin, sur d'autres caractères de signes que le triangle et le quadrangle.

Le *mélancolique* heureusement doué d'un tempérament cérébral *spirituel* nous donne une raison puissante et des qualités remarquables. Le caractère est prudent et n'entreprendra jamais rien à l'aventure. On aura une logique sévère, de la tenue, dans les discours.

Les yeux noirs seront plutôt un peu petits, mais pénétrants et ombragés sous des sourcils noirs et touffus. Il y aura beaucoup de goût, de l'élégance et de la précision.

Avec un quadrangle et un triangle parfaits dans les deux mains, on peut devenir célèbre dans les arts ou les sciences politiques.

Le *mélancolique* en aspect cérébral *naturel* a de la gravité, de la finesse en affaires, un esprit d'indépendance et des aptitudes aux études sérieuses. La position pourrait être facile dans la carrière diplomatique ou judiciaire. On s'élèvera sûrement par son habileté et ses connaissances dans n'importe quelle partie mathématique pour laquelle on excellera. Le triangle et le quadrangle présentant des anomalies, le *mélancolique* s'acharnera à des travaux qui ne rapporteront que peu de profit. Son intelligence est adonnée aux vaines recherches scientifiques ou à celles de la fortune ou de la position.

En aspect colérique, il y aura impuissante activité, quelquefois aptitude au jeu, on éprouvera des pertes après le gain. Avec des anomalies sensibles, on mettra son intelligence au service de trafics compromettants, qui pourront occasionner des renversements de position. Si les idées ne sont pas influencées vers le jeu, les pertes existeront quand même, par faux calculs. Cet aspect, une fois dévié de sa route, rencontre d'insurmontables difficultés dans les affaires de la vie. Ce tempérament est, comme nous l'avons déjà dit, doué de beaucoup d'erreurs, d'une mémoire durable et d'une attention pour un objet unique.

En aspect lymphatique, le *mélancolique* deviendra difficile. L'esprit est douteux, soupçonneux. Si des anomalies funestes sont marquées sur la forme extérieure, on a des pensées tristes et quelquefois des idées de suicide. Que le triangle et le quadrangle soient irréguliers chez un *mélancolique* cérébral, ajoutez à cela quelques faiblesses de caractère, on vivra constamment avec une réputation menacée par suite de renversements de position, si d'autres signes y contribuent.

En aspect cérébral *naturel*, le *mélancolique* ne trouve, vis-à-vis de lui, que des travaux pénibles de l'esprit et du corps.

J'ai déjà désigné les différences significatives de la forme artérielle des autres tempéraments. Si le *bilieux* et le *mélancolique* ont l'avantage d'avoir le plus souvent des grands pouces, ce tempérament les aura de préférence petits ou moyens. Des philosophes ont déjà dit avant moi que les femmes ont le pouce petit ; mais il faut aussi tenir compte de la proportion.

Une main petite peut posséder un pouce dominateur quand même, si les proportions du pouce sont bien analogues aux doigts. C'est cette parfaite harmonie qui donne une volonté à laquelle on ne s'attendrait pas du tout chez de petites femmes en qui l'on pourrait supposer une grande inertie de volonté.

Ajoutez à ceci deux plis entre les sourcils, et une ligne moyenne grande qui barre la main, vous verrez que cette petite femme saura tenir la direction de son intérieur, en faisant de son mari ce qu'elle voudra, ou sinon il s'en suivra une rupture immédiate. Mais n'allons pas plus loin, nous sortirions de la sphère psychique de *l'artériel.*

La constitution mélancolique est plutôt osseuse, celle-ci est tout à fait opposée : les articulations, au lieu d'être saillantes, ne se voient nulle part, les os de la tête n'offrent aucune saillie brusque. Les traits et l'ensemble du corps sont arrondis, tout en gardant les proportions les plus gracieuses ; le ton de la peau tire sur le rose, les traits sont animés. C'est dans ce tempérament que les lèvres présentent le ton frais du carmin. Les doigts, le plus souvent courts, et la main moyenne donnent l'inspiration spontanée, la synthèse et l'analyse. Mais croyez que ce tempérament ne sacrifiera pas ses moments de plaisirs à la recherche d'études ou d'analyses comme les *mélancoliques.* Les doigts des *artériels,* sauf exception à la règle, tiennent ordinairement un juste milieu entre les doigts carrés et les doigts pointus.

Ce caractère, doué de doigts lisses, se laisse aller facilement à toutes les impressions causées par les plaisirs.

Du côté de la tête, nous verrons assez de protubérance occipitale de l'amour maternel et de la paternité. Cette forme, développée jusqu'au bord postérieur du pariétal, dispose en même temps à l'amitié et à l'affection, on s'attache facilement. Je ne crains pas d'affirmer ici que l'influence artérielle donne souvent les deux saillies arrondies, l'une à droite, l'autre à gauche, de la ligne médiane derrière le cou, ce qui dispose beaucoup aux facultés génératrices. Cette observation est d'autant plus exacte, que le cou des femmes qui tiennent beaucoup de l'homme, ou de la virago, présente toujours le derrière du cou très fort et sans aucune saillie. Aussi, n'ont-elles presque jamais d'enfants après vingt et un ans.

Nous trouverons encore dans le sanguin artériel le sommet de la tête bombé, au lieu d'être plat : ce qui donne de la douceur, de la bienveillance, de la soumission et de la filialité. Les têtes d'études phrénologiques indiquent bien l'endroit où se trouvent ces prédispositions organiques. Il est bon que le lecteur sache que je ne m'occupe pas de phrénologie, mais que je sais quand même discerner les qualités individuelles par l'inspection d'une forme crânienne, en tenant compte des parties cérébrales absentes ou présentes, et non de la phrénologie.

Je vais rapidement esquisser le caractère heureux de l'*artériel*. Il est aimant, tendre, ami des plaisirs et de l'amour; non seulement il est entièrement sentimental et doux, mais encore il possède le don d'attendrir l'âme.

L'artériel, avec un triangle et un quadrangle parfaits sans anomalies, donne l'esprit d'invention appliqué aux arts. Cette forme appelle à elle le bien-être. Les espérances se réaliseront certainement. Les actions de l'existence auront pour causes des relations, des amitiés en analogie avec les sentiments.

Ce tempérament, en aspect colérique, un triangle et un quadrangle parfaits, sait se garantir contre ses passions et son caractère orgueilleux. Néanmoins, l'état colérique ne vaut absolument rien pour l'*artériel.* Il serait fort rare de ne pas rencontrer des signes contraires, c'est-à-dire des lignes rompues ou coupées. On aura des dangers dans le mariage ou la position, même avec des facultés d'esprit remarquables.

L'*artériel* en mélange lymphatique donne la tendresse et la poésie, une grande beauté et de bonnes mœurs, mais l'esprit est volage et aime le goût du changement. En signes parfaits, on saura se garantir contre de dangereux penchants à l'adultère.

Ne voyez jamais des yeux noirs et des cheveux analogues à l'*artériel* lymphatique. Chez la femme, la poitrine et les mains sont souvent les plus belles dans ce mélange mixte.

L'*artériel* en aspect cérébral *spirituel* nous donne un des caractères les plus sympathiques que nous puissions rencontrer. Ce mélange donne l'âme élevée, un cœur ardent et généreux. Si le triangle et le quadrangle présentent un ensemble parfait, cette forme annonce le génie et toutes les chances. On obtiendra des faveurs et de la fortune par les amitiés et les relations, si les autres signes y contribuent.

Quelques degrés au-dessous, l'esprit cérébral *naturel* prédispose à des facultés où le goût tiendra le premier rang. Le genre artériel modifie un peu les qualités requises de ce tempérament cérébral. Cependant, l'esprit est éloquent, on obtiendra du succès.

Un tempérament artériel avec des anomalies, un triangle et un quadrangle mal faits, donne quand même un caractère peu enclin à la vengeance. Il garde sa douceur et supportera facilement les reproches sans répondre par des injures, grâce à son caractère particulier. Le tempérament artériel est celui qui est ordinairement le plus poli et sait toujours vous remercier d'un bon mouvement. On aura toujours des professions en analogie avec des goûts portés aux choses gracieuses, parures, etc.

En signes colériques, les actions de la vie prendront mauvaise tournure. Le caractère est violent ; on ne recule devant rien pour assouvir ses convoitises, si d'autres anomalies se font pressentir. On agit toujours avec irréflexion, le triangle et le quadrangle étant diffus. Cette irréflexion est d'autant plus dangereuse, si la ligne moyenne est séparée de la ligne supérieure.

En signe lymphatique, avec des anomalies, l'*artériel* a des idées de libertinage. L'esprit est efféminé. Les prédispositions inhérentes à cette forme peuvent donner des événements, des changements, des calomnies, des luttes et des tribulations.

En aspect cérébral *spirituel*, l'*artériel* est pieux, ingénieux même, mais témoigne de son incapacité dans les luttes de la vie, selon ses anomalies.

L'*artériel* en aspect cérébral *naturel* a plus de chance de diriger ses intérêts avec discernement, malgré les rivalités qu'il rencontrerait. La main n° 6 désigne le mieux le genre artériel. J'ai déjà entretenu le lecteur de la forme moyenne et gracieuse que donne cet aspect. La saillie supérieure de la main annonce particulièrement dans ce tempérament une grande force vitale à cet endroit, qui est d'une belle couleur tirant sur le rose. Cette saillie, très développée et sillonnée de raies, fait paraître le pouce petit.

Il me reste à présenter au lecteur, pour terminer cette partie, le genre lymphatique. La main, dans cet aspect, est grasse et blanche; la saillie, que donnent les chairs autour des grandes et des petites articulations, est épaisse. Cette forme, dans ses excès, donne les masses lourdes. Les doigts sont de préférence pointus, avec des ongles longs. Les yeux sont clairs ou bleus.

Je dois faire part au lecteur de mes observations personnelles sur la couleur des yeux, bien que beaucoup d'auteurs en aient parlé avant moi.

Faut-il accepter avec certains docteurs que les yeux marron désignent souvent le meurtrier ou le voleur, comme les yeux bleus le vagabond? Ce serait, à mon sens, une grave erreur de fixer un jugement sur une seule anomalie : pas plus une couleur que l'autre ne désigne le meurtre ou le vol.

Les yeux bleus, par exemple, indiquent bien une nuance qui prédispose au lymphatisme ; mais, pour en confirmer l'aspect, il faut, en outre, un ensemble de caractères analogues aux attributs lymphatiques. De même pour le crime ou le vol, il faut un ensemble d'anomalies pour donner la criminalité.

C'est comme si j'allais dire qu'il suffit de distinguer des yeux, qui, à leur état habituel, sont à moitié fermés, pour désigner un criminel. Si une paupière supérieure rabattue sur les yeux, de telle façon qu'on les croirait fermés, annonçait bien souvent un cynisme féroce, j'observerais, avant de fixer mon jugement, si d'autres anomalies viennent confirmer cette disposition criminelle. D'autre part, si je remarquais des yeux très vifs, très mobiles, clairs, souvent perçants, creux, ronds et rapprochés, c'est-à-dire avec tous les signes d'un caractère porté au vol, à la ruse, à l'adresse, j'observerais encore si je rencontre d'autres anomalies, croyez-le bien, avant d'affirmer que me trouve en face de ces célèbres voleuses de magasins, dont parle Lombroso dans ses observations sur la recherche de la criminalité.

Ceci dit, revenons à notre sujet. Le caractère moral du *lymphatique* dispose des appétits et des penchants, surexcités par une imagination capricieuse. « Ce tempérament ne cherche ni à monter ni à descendre, a dit Cabanis, il a des sensations, des passions sans énergie. » L'imagination du *lymphatique* est très active lorsqu'elle se nourrit de rêves.

Si nous distinguons que ce tempérament ne cherche ni à monter ni à descendre, ce que présente bien son fond moral, cette disposition donne souvent le front d'une moyenne largeur et la forme quadrangulaire à la tête ; on n'observera en effet aucune saillie significative au sommet de la tête, qui sera plat, et rejoindra le sommet du front horizontalement.

Mais si, à la place de cette disposition, nous rencontrons une forme de front élargi de chaque côté des tempes, cette individualité lymphatique mettra toute son imagination en mouvement.

Joignez à cette qualité un triangle et un quadrangle parfaits, nous trouverons une imagination ardente et virile, une nature supérieure, rêveuse et poétique, avec le

goût de la mer et des voyages. On sera
apte aux affaires, au négoce, et on s'assurera par cet impérieux besoin d'activité, des biens comme de l'abondance.

Si une teinte colérique s'ajoute au tempérament lymphatique, on ne peut devenir même irritable ; mais le caractère restera violent, quelquefois d'une excitation, qui pourrait devenir dangereuse. Avec des signes perfectionnés, on a de l'habileté dans les arts, et l'esprit est toujours porté aux affaires multiples.

Le tempérament lymphatique en aspect cérébral *spirituel,* si le triangle et le quadrangle sont parfaits, donne certainement un génie supérieur et des aptitudes aux professions publiques élevées. La profession motivera des voyages, des déplacements, où le sujet récoltera du succès et des honneurs populaires. Ce mélange en aspect *spirituel* amène de grandes rémunérations dans les professions publiques.

Dans le cérébral *naturel*, nous observerons de bonnes dispositions pour les arts ; l'esprit, l'imagination restent poétiques. On aura des aptitudes aux mathématiques et des goûts pour la spéculation. On réalisera beaucoup de bénéfices dans le commerce ou l'industrie.

Que les formes ci-dessus présentent des anomalies, alors nous ne verrons chez le *lymphatique* que du flegme et du laisser-aller. Cette prédisposition amène quelquefois de la détresse dans les affaires de la vie. Les relations causeront des périls pour la position, et même des chagrins dans le mariage.

Avec des dispositions colériques, on a l'humeur changeante, et la poursuite de projets irréfléchis. Cet aspect, encore plus que l'autre, est prédisposé à supporter des événements en analogie avec la calomnie, les querelles, les trahisons et les dangers.

Le tempérament *spirituel* et ses aptitudes particulières ne peuvent produire ni gloire ni fortune, si des anomalies physionomiques sont indiquées comparativement avec celles de la main. Dans ce genre de mélange, nous pouvons rencontrer de mauvaises célébrités, si des anomalies singulières se font pressentir. L'élévation ne sera jamais de longue durée, et les causes de chute ou de renversement de position seront indiquées dans les lignes médiane et de l'annulaire, dont nous parlerons plus loin.

Le *lymphatique* en aspect cérébral

naturel, avec des anomalies, ne récolte aucun fruit des dispositions qu'il peut avoir pour les sciences et les arts. Les causes en seront variables. Si le triangle est petit et restreint, ce sera par timidité, manque de volonté et de résolution. On peut se trouver vis-à-vis d'adversaires violents, qui seront cause de pertes de biens ou de fortune. Ce mélange, selon ses caractères, dispose à de nombreuses inimitiés et des dangers même ; si le sujet devait subir des luttes, des procès, des duels, etc., il succomberait irrévocablement. Les facultés mentales et la santé se ressentent souvent de ces tribulations.

Prédispositions particulières que donnent les lignes moyenne et inférieure.

Je vais donner ici un rapide aperçu des prédispositions spéciales que procure la ligne moyenne, celle qui barre le milieu de la face palmaire. Cette ligne, que je désigne sous le n° 2 de la planche 10, barre presque toute la main quand elle annonce de la volonté et surtout de la domination. La domination est d'autant plus développée, que la phalange onglée est grande, surtout celle du pouce ; le sujet cherche toujours à dominer tout ce qui se présentera en analogie avec sa sphère. Ces deux signes réunis donnent des qualités essentielles et utiles pour la lutte.

Mais si la phalange onglée du pouce

n'est plus en corrélation avec la ligne moyenne, il y aura alors anomalie ; la volonté, à certains moments, peut faire défaut pour l'accomplissement des faits.

Si la ligne moyenne est anormale, c'est-à-dire trop longue, cet excès amène de l'avarice, en même temps que l'esprit est sujet à s'éloigner des bons sentiments. Selon les anomalies physionomiques, si ces dernières se trouvent en corrélation avec la main, et surtout si la ligne moyenne longue est mince ; cette anomalie correspondra souvent avec d'autres signes pour annoncer de la malignité, de la critique, de l'opiniâtreté, de la malice, de la froideur et de la ruse.

Lorsque cette ligne se dirige vers la saillie inférieure de la main, elle prédispose à l'imagination. L'esprit devient même mystique, si la ligne moyenne vient sur cette saillie inférieure, comme on peut le distinguer facilement sur la planche 9.

Avec de pareilles dispositions de ligne moyenne, les qualités matérielles ou positives pour le soutien de l'existence devront en souffrir. On fera passer toutes les actions de l'âme et du cœur avant les soucis matériels. C'est dans cet aspect de ligne, si l'esprit est religieux, qu'on tombe dans le mysticisme ; on ne se plaira que dans le silence des églises.

La ligne moyenne se redressant en sens inverse vers les doigts indique de l'égarement d'esprit.

Lorsque cette ligne ne s'avance que jusqu'au milieu de la main, nous trouverons encore une certaine volonté ou solidité d'esprit chez un *sanguin-bilieux* ou un gros tempérament musculaire ;

mais une semblable ligne chez un *lymphatique,* ou un homme à main molle, annonce des faiblesses et un laisser-aller dans l'existence.

Si cette ligne courte se redresse vers la saillie supérieure, elle indique de mauvaises dispositions si d'autres signes y contribuent, et cela pour tous les tempéraments.

Chez un *lymphatique,* cette ligne recourbée annonce non seulement du laisser-aller, mais encore elle peut être cause de chute de position ou perte de fortune. Il faut nécessairement que d'autres signes, comme ceux que l'on peut observer sur la physionomie, y contribuent. J'ai observé ces caractères maintes fois chez des personnes déchues, qui avaient en même temps toute la partie abstractive de la physionomie très faible et rentrée, sans aucune projection de ce qui peut donner de la force.

La ligne moyenne coupée ou brisée a toujours une signification spéciale en rapport avec des accidents ou des maladies. Nous reviendrons sur ce sujet.

Une ligne moyenne, rejoignant la supérieure en face le médius, ne peut donner qu'un excès, un entêtement ; on mettra de la mesquinerie dans ses manières de voir.

Quand la ligne moyenne se bifurque en deux lignes égales de même longueur, il y aura imagination et positivisme. Il faut quand même se défier de ce signe, qui est anormal ; si d'autres anomalies se font pressentir comme, par exemple, de petits yeux toujours aux aguets, le nez retroussé, la lèvre supérieure proéminente ; même lorsque le front serait spirituel et bien fait, vous aurez affaire à quelqu'un de méchant, de tracassier, de rusé et de fourbe.

Une double ligne moyenne ne peut indiquer que des prédispositions heureuses, quand d'autres signes ne viennent pas contrarier cette heureuse forme.

Quand la ligne moyenne est séparée de la ligne supérieure, le cerveau conçoit, agit inconsciemment, selon la qualité et les degrés de l'esprit. Cette ligne séparée est dangereuse jusque vers trente-cinq ans. Elle peut être aussi une cause de chute de position. Dans les cerveaux vraiment supérieurs, une ligne moyenne séparée, avec un doigt annulaire long, prédispose à des entreprises ou des voyages, qui pourront balancer entre le succès ou la catastrophe, selon la disposition des autres signes. Cette ligne est d'autant plus dangereuse qu'elle se dirige à l'excès vers la partie inférieure de la main.

J'ai constaté cette ligne moyenne séparée de la ligne supérieure dans beaucoup de mains d'exilés français, qu'un travers de l'esprit avait éloignés de leur patrie, et qui sont venus me consulter, dans mes voyages d'études, à Rome, Barcelone, Bruxelles, Cologne, Bâle et Genève.

Le doigt annulaire est souvent plus long que de coutume chez les caractères déterminés. On peut se pénétrer facilement de cette différence dans la main de femme, planche 7. Chez les deux premières, nos 5 et 6, l'index dépasse l'annulaire en raison de la forme spéciale de la main ; tandis que, dans la septième, la disposition de la main fait dépasser l'index par l'annulaire. Cette forme, avec une ligne moyenne séparée, donnera, chez un bilieux, des coups de tête prompts sans réfléchir aux conséquences, tout étant un parfait honnête homme.

Ce sont ces caractères qui relèvent le défi avec violence, ou sourdement si ce sont des *mélancoliques.* On peut voir, chez les êtres les plus tranquilles du monde, une ligne moyenne séparée de la ligne supérieure. Il faut toujours, dans ces circonstances, baser ses observations sur un ensemble d'anomalies.

La ligne inférieure n° 3 longe parallèlement la moyenne. Elle a son plus grand développement ordinairement dans le tempérament artériel.

La moindre disproportion de la ligne inférieure ou de la moyenne a la plus grande signification. J'attire l'attention du lecteur sur ces différences qui, seules, permettent un bon jugement. Ainsi, chez le *bilieux* et particulièrement chez le *mélancolique*, la ligne inférieure est presque toujours dominée par la ligne moyenne, qui sera plus longue. Ces formes, quoique sujettes à modification, doivent être prises en considération.

D'autre part, une ligne moyenne longue est accompagnée d'une ligne inférieure longue chez un *lymphatique;* si cette dernière est courte, il y aura anomalie, car dans ce tempérament elles doivent présenter un grand développement.

La ligne inférieure doit partir régulièrement de la base de l'index chez un *artériel.* Si elle prend son point de départ un peu plus bas ou à la base du médius, les attraits sensuels l'emporteront sur les sentiments du cœur. Cette influence se fera plus vivement sentir, si on distingue une certaine ampleur des masses charnues, une abondance du système pileux, une expression mobile de la physionomie, une animation facile des traits, un éclat brillant des yeux, une flamme brûlante dans le regard, des lèvres épaisses et d'un rouge carmin vif tranchant sur la blancheur des dents, des seins développés, etc. ; avec de pareils signes physiques, vous pouvez vous attendre à ce que la volupté domine toute raison.

Une ligne inférieure partant de la base de l'index, belle et bien nette, caractérise une nature aimante. Sans aucune anomalie nuisible, en ce qui concerne les qualités de l'esprit, c'est le signe certain d'un bon cœur.

Cette ligne inférieure a son point de départ, pour beaucoup de personnes, entre l'index et le médius, ce qui donne une certaine tempérance de raison et de sentiments. Quand cette ligne est trop grande et qu'elle empiète sur le milieu de la main, on aura des excès de tendresse. Cette anomalie indique toujours des souffrances dont les causes sont multiples. Elle prédispose aux liaisons aveugles et donne quelquefois cet esprit idéaliste que le matérialisme jette à tous les vents.

En aspect cérébral *spirituel*, avec une ligne moyenne faible et un pouce petit, on a tous les caractères pour subir la tyrannie d'un être humain que le destin aura placé sur vos pas. Beaucoup d'artistes et de littérateurs possèdent ce caractère.

Cette ligne inférieure se bifurquant en deux branches égales en montant dans la direction de l'index, et présentant d'autres signes analogues, ne dispose qu'à des erreurs dans les amitiés et les relations de sentiment. Elle peut aussi révéler de la fatalité.

Quand la ligne inférieure, au lieu de se terminer à la base de l'index, se retourne en sens inverse et rejoint la ligne supérieure, elle indique une cause de souffrance, si cette ligne rejoint la ligne moyenne sans faire de contour vis-à-vis l'index. Dans une main perverse, c'est un signe de mauvais instincts, d'esprit positif, surtout si les lèvres sont minces et tirées vers le haut, avec un nez penché extrêmement vers la bouche. Lors même que ces signes sont peu apparents, on trouvera de la froideur, de la réserve, de l'insensibilité, un esprit malin, flatteur, dur, acariâtre, atterrant dans le refus.

Néanmoins, si la physionomie n'annonce que de bonnes qualités, cette forme donne quand même des inimitiés, des séparations, des divorces, etc.

Une ligne inférieure sèche, nue, sans aucune branche et entrecoupée, n'indique que le contraire des bienfaits que l'on attend dans les amitiés et les relations. L'esprit de haute sociabilité, qui inspire les amitiés sincères et qui procure souvent l'élévation et le bonheur de la vie fera défaut. De même quand cette ligne est coupée en plusieurs fragments, elle ne peut indiquer que des déceptions.

Cette ligne, jetant plusieurs branches dans la direction de l'index, révèle que le sujet possède des organes, qui assureront certainement son bien-être et son bonheur intérieur.

Quelquefois, la ligne inférieure est double dans la main. Je la désigne, quand elle existe, sous le nom de petite ligne inférieure, parce qu'elle n'est jamais aussi grande que la principale. Cette petite ligne est parallèle à la ligne inférieure et forme, en somme, une ligne double. Elle encercle quelquefois le médius et l'annulaire, par la disposition que lui donne la symétrie de la main.

La présence de cette ligne double explique un certain penchant aux passions de l'âme ou du cœur. Elle peut donner une surabondance de vie ou de force active dans le bien comme dans le mal.

Les lignes médiane et de l'annulaire et les prédispositions qu'elles donnent à chaque tempérament et ses mélanges mixtes.

Je vais profiter de l'analyse psychologique de la ligne médiane et de la ligne de l'annulaire, pour donner le plus d'étendue possible à mon interprétation dans la désignation des actes de l'existence en rapport avec les tempéraments. Je dois comprendre dans cette analyse toutes lignes anormales pouvant descendre de la saillie supérieure et couper de part et d'autre les deux lignes ci-dessus désignées sous les n°s 5 et 6 de la planche 10.

Bien souvent, ces lignes anormales, au lieu de descendre de la saillie supérieure, comme on peut le constater dans la main n° 5, occupent tout simplement la face palmaire, comme les signes de la planche 7 peuvent l'attester.

La ligne médiane part, presque toujours, de la racine du poignet et va se terminer à la base du médius. Elle part aussi quelquefois de la saillie inférieure ou de la ligne supérieure.

Quand elle est belle et ne se trouve pas brisée, elle annonce une existence exempte de catastrophes et de malheurs; en résumé, ce n'est qu'une bonne destinée, et du bonheur dans le bien comme dans le mal.

Sa direction donne également des significations particulières. Ainsi, quand elle se termine vers l'index, elle prédispose à la réussite, aux honneurs même. Avec des signes d'excès, elle peut être l'indice de la folie des grandeurs.

Qu'elle se termine naturellement vers le médius, c'est une bonne fatalité ; vers l'annulaire, c'est la réussite en position ou fortune, quelquefois au détriment de son bonheur ; car, dans cette direction, elle se classe déjà dans les anomalies.

Les auteurs qui affirment réussite ou richesse par les sciences, si cette ligne se dirige vers l'auriculaire, se trompent ; cette ligne, avec des signes déplacés, devient anormale et ne peut plus donner de réussite possible.

Quand cette ligne médiane est brisée plusieurs fois dans la main, elle indique des changements d'existence et des renversements de position d'autant plus significatifs, si ces brisures coïncident avec de grandes lignes qui descendent de la saillie supérieure et la coupent.

Si cette ligne est entrecoupée et disparait presque totalement vers la ligne inférieure et le médius, attendez-vous à ce que la vie s'accomplisse dans les tourments.

Cette ligne nette et précise, en arrivant vers le médius, l'index ou l'annulaire, indique que l'on parviendra à surmonter les obstacles de l'existence.

J'ai observé, dans des mains d'actrices en renom, des lignes médianes, qui, partant de la saillie lymphatique, se confondaient avec la ligne inférieure et venaient se terminer heureusement vers l'index ; ce signe est l'indication infaillible d'un bonheur luxuriant venant de liaisons capricieuses. Chaque fois que j'ai aperçu ce signe, j'ai questionné les personnes, toutes m'ont répondu qu'elles avaient à peu près tout ce qu'elles pouvaient désirer ; leur ambition était donc satisfaite.

C'est cette forme de branches entrelacées des lignes médiane et inférieure qui a fait dire primitivement, à ceux que la science aveugle, qu'une étoile sur cette saillie du bas de l'index annonçait la célébrité. Je n'oblige nullement à chercher des étoiles dans la main; mais tout le monde peut discerner des formes de lignes, pourvu qu'elles annoncent le fait.

La ligne médiane part indifféremment dans beaucoup de mains, soit de la saillie supérieure de la ligne moyenne soit de celle de la ligne inférieure; cette forme annonce des causes et des qualités requises en rapport avec l'endroit d'où elle part.

Que cette ligne prenne naissance à la ligne moyenne, elle indique que le sujet sera en butte à certaines difficultés dont il triomphera, grâce à ses qualités spéciales.

Si la position est acquise, on la devra à la qualité de l'esprit et de la volonté.

Quand cette ligne médiane part de la ligne inférieure, si le sujet a éprouvé des déceptions ou des chagrins, il peut s'attendre à des satisfactions de sentiment dans ses amitiés, dans ses relations.

Une ligne médiane, anormale, tortueuse, inégale, petite ou discontinue, annonce le contraire de toutes les bonnes dispositions pour conquérir le bonheur. Ce genre d'anomalie peut indiquer aussi des maladies.

Somme toute, que la ligne médiane s'arrête brusquement, soit à la ligne moyenne, soit à la ligne inférieure, elle indique un renversement brusque de l'existence, dont les causes seront expliquées par d'autres anomalies. Il est facile de constater ces arrêts brusques de la ligne médiane dans les planches 8 et 9.

On doit remarquer que la ligne moyenne est beaucoup plus en rapport avec le caractère et la volonté, comme la ligne inférieure désigne aussi plus particulièrement les éléments de l'amitié et les relations compatibles avec les sentiments.

Quel service immense n'aurait-on pas rendu à cette personne, si on l'avait prévenue, avant l'âge de vingt ans, des motifs et des causes qui menaçaient la réussite de son existence.

La forme triangulaire de la planche 8 indique de hautes aptitudes. Les signes de la physionomie étaient en corrélation avec ce signe. Ces deux lignes étaient ambitieuses, car elles partaient du milieu de la paume et de la saillie supérieure.

8.

Ces coupures si nettes demandaient des événements brusques, des renversements de position imprévus, qu'il serait facile de reconstituer. La ligne moyenne, la ligne inférieure et ces lignes anormales qui descendent de la saillie supérieure expliquent tout à fait les attributions de ces causes.

Si je révélais ici le tempérament et sa sphère psychique, on verrait de suite les événements se manifester avec une stupéfiante vérité. Le lecteur peut prendre note que ce que j'affirme est rigoureusement contrôlé par des faits.

La ligne qui longe parallèlement la médiane, mais se termine le plus souvent à la base de l'annulaire, explique le sens relatif, dont les causes visent le plus particulièrement la position. Elle se présente rarement bien nette, bien droite ;

elle est souvent coupée. Dans d'autres mains, elle est inégale.

Ces anomalies prédisposent aux insuccès, aux chutes et pertes de position. Chez les uns, les causes seront les relations, les entreprises ou les passions de l'âme, les faiblesses ou les travers de l'esprit.

Quand cette ligne n'est pas coupée complètement, elle caractérise seulement des obstacles.

Une ligne bien nette et droite indique la réussite.

Si plusieurs lignes se joignent à celle de l'annulaire en suivant le même parcours, la disposition ne sera plus aussi bonne ; mais si la ligne forme des branches qui se dirigent vers l'annulaire, elles ne seront plus anormales, surtout si une seule branche existe de chaque côté.

Quelquefois, cette ligne est nulle dans la main et manque complètement. Cette forme indique qu'il faut toujours tenir compte du tempérament et de la perfection des autres lignes qui rachètent cette défectuosité, assez fréquente chez de grosses constitutions flegmatiques ou musculaires.

Il est bon de remarquer que le plus petit détail n'a, le plus souvent, sa plus grande signification qu'en tenant compte de l'ensemble. Il suffit qu'une ligne moyenne courte soit très recourbée vers la saillie supérieure pour indiquer des malheurs venant contrecarrer la position, si la physionomie est faible ou anormale.

Chez un *sanguin-bilieux*, avec des lignes médianes et de l'annulaire parfaites, sans aucune anomalie physionomique désavantageuse, un triangle et un quadrangle bien constitués, ces qualités amèneront certainement avec elles une prédisposition au bien-être, à la fortune ou à une haute réputation. Cet aspect particulier donne la chance. On rencontre le plus souvent des amitiés puissantes, des protections efficaces. Si on choisit des emplois dans les administrations, les gouvernements, on montera facilement en grade. Ce tempérament, avec ces signes, indique toujours de la suprématie et une élévation d'autant plus certaine, que la médiane ou d'autres lignes sœurs auront une tendance à se diriger vers la base de l'index.

Qu'aucune ligne anormale ne descende de la saillie supérieure, toutes les actions de la vie, les affaires de cœur ou d'intérêt prendront une bonne induction dans le mariage, les relations et les amitiés.

Dans le cas contraire, si ces lignes sont

coupées avec de bonnes dispositions, on éprouvera des difficultés, des pertes ; mais on pourra obtenir secours et protection quand même dans les moments difficiles.

Ces coupures correspondant avec de grandes lignes anormales qui les traversent, la position peut être précaire, on éprouvera une grande gêne. Les amis pourront être nuisibles. On sera opprimé par plus puissant que soi, si même on n'éprouve pas de trahison. Ces dispositions peuvent être d'autant plus significatives, que ces grandes lignes anormales descendent de la saillie supérieure. Dans ces circonstances, la coupure de la médiane amène, en plus de la scission, des ruptures dans les amitiés, les relations, etc. La coupure de la ligne de l'annulaire indique aussi des dangers de ruine et l'adversité par chute de position.

Le *sanguin-bilieux* en aspect colérique et des caractères parfaits possède une extrême confiance en lui-même, qu'il devra à son audace.

L'élévation est certaine selon le milieu où il vit. Dans la carrière militaire, on aura de hauts grades tout en acquérant de la fortune.

C'est dans ce genre de physique qu'on peut voir les natures les plus énergiques et les plus grandes forces de caractère comme par exemple la physionomie n° 1.

Nous pouvons rencontrer cet aspect de tempérament dans toutes les industries et les professions qui demandent de l'activité et de l'ambition ; cet esprit conquérant fait atteindre le plus haut degré de la hiérarchie, selon le milieu.

Mais si, au lieu de rencontrer des sourcils droits, horizontaux, et brun obscur, nous trouvons des sourcils rudes, en désordre, il y aura alors une grande irritabilité, qui faussera parfois le jugement et rendra le caractère acariâtre.

En conclusion, cet état d'esprit colérique présentant des lignes coupées, la fortune est changeante et la vie accidentée. Avec des lignes anormales descendant de la saillie supérieure, on éprouve des chagrins dans le mariage ou par ses enfants. Il s'ensuit toujours des hostilités, de la lutte et des souffrances.

L'influence sanguino-bilieuse en aspect lymphatique et des signes parfaits, amène toujours des relations, des associations, des voyages significativement heureux. Avec des anomalies, il y aura semblant de réalisations ; mais elles seront empêchées.

Si les lignes sont franchement coupées, la position ou la fortune sera atteinte, les voyages, au lieu de réaliser les bénéfices attendus, seront causes de l'infortune.

Dans cette forme, avec une légère teinte colérique ou un caractère déterminé, on s'exilerait facilement.

Cet aspect sanguin-lymphatique, est assez bien représenté dans les mains fig. 8 et 9. L'une, la planche 9, présente une ligne moyenne qui se dirige à l'excès vers la saillie inférieure; cette partie est couverte de lignes annonçant de nombreux voyages. L'autre main, fig. 8, annonce, par la forme de sa ligne moyenne, une disposition morale d'esprit bilieux ; cette dernière ligne, la raison, l'autre, l'imagination, n'ont pu se conduire, dans le courant de l'existence, et ont causé ces vertigineuses lignes d'arrêt et de chute de position.

Ces deux mains, aux doigts annulaires longs, appartiennent à une personne qui a su reconquérir sa fortune plusieurs fois après l'avoir perdue.

Les lignes médiane et de l'annulaire se sont toujours reformées énergiques vers la base des doigts, ce qui assurait la réussite même à travers les plus rudes épreuves.

Ceci n'empêche pas les grandes lignes mortes arrêtées à la ligne moyenne, dans le commencement de leurs plus éclatants succès, de garder toute leur signification. Le sujet n'atteindra plus jamais ses espérances qui sont déchues sans retour, la vie ne se refaisant pas. Ces mains présentent des événements aussi brusques et aussi imprévus que les événements particuliers qui arrivent à certains hommes d'Etat tantôt en faveur, tantôt en disgrâce.

Le *sanguin-bilieux* et *mélancolique*, en signes parfaits, obtiendra du crédit, malgré sa disposition mélancolique qui lui rend les actions difficiles et amènera des liens dus à l'influence de personnes puissantes et des bénéfices, des biens immeubles, des donations sur lesquelles on ne comptait pas. Mais la moindre anomalie dans ce caractère dispose à des pertes irréparables.

Si les lignes sont coupées franchement, la médiane annonce des dangers, des oppositions, des adversités qui seront causes de chutes de position; la ligne de l'annulaire, dans ces circonstances, est brisée par de grandes lignes qui la traverseront. Ces effets développeront encore beaucoup plus ce caractère triste qui ne se plaira que dans la solitude, éloigné de tous les plaisirs. Dans n'importe quel tempérament, si les lignes médiane et de l'annulaire sont visibles, quoique barrées par des lignes anormales, il faut toujours espérer qu'un peu de bonheur succédera à de longues et cruelles épreuves. J'ai constaté, dans ces aspects mélancoliques, fort peu de chances dans les enfants.

Les personnes sanguino-bilieuses, nuancées d'une teinte artérielle, seront généralement favorisées, si elles ont des signes non coupés. Ces faveurs viendront par des relations intimes et des amitiés.

Dans cet aspect moral, que nous avons

déjà défini, les actes de la vie auront pour but d'assurer un mariage heureux, du bonheur en amour et des biens par le mariage.

Avec des lignes non coupées on peut toujours compter sur l'appui et la sympathie de personnes puissantes.

Que des anomalies de lignes existent, les espérances que l'on fondera ne se réaliseront pas, les causes pourront être des peines de cœur et l'ingratitude.

Quand de grandes lignes coupent la médiane et l'annulaire on sera trompé dans ses amitiés et ses espérances, soit par des infidélités, soit par des perfidies dont on pourrait être victime.

Je dois faire remarquer qu'un tempérament, quel qu'il soit, peut éprouver de semblables calamités ; mais que le lecteur retienne bien que j'indique ici les événements les plus particuliers à la forme artérielle. Ainsi, il est hors de doute que le tempérament bilieux, grâce à son état d'esprit dominateur, pourrait avoir le dessus sur ces événements, tandis qu'un artériel peut en être le plus effectivement touché et en ressentir des effets désastreux, et que, chez un bilieux, ces événements peuvent être presque nuls.

D'autre part, si le même sujet est couvert d'anomalies criminelles, il est à supposer que c'est lui qui commettra les perfidies, et les marques de sa main en porteront toujours les signes, par des lignes entrelacées formant une bifurcation sur leur parcours ou à leurs extrémités.

Ces anomalies s'observent le plus particulièrement à la forme des lignes moyenne et inférieure et à leur situation.

Leurs dissonances ne provoquent pas toujours de grandes lignes de chagrins, comme, par exemple, pour le criminel qui n'a pas conscience de ses actions et encore moins le repentir. Il faut aussi que ces caractères anormaux concordent avec les signes extérieurs de la tête. Ajoutons encore des signes physionomiques comme la lèvre inférieure plus avancée que la supérieure, une bouche qui devient oblique à la moindre impression, ou laisse entrevoir les dents d'un seul côté au plus petit effet du sourire.

Toutes les anomalies, toutes les disproportions ont une analogie directe avec les qualités ou les vices.

Nous savons que la bouche est l'interprète du cœur et de l'âme. L'orgueil et la colère la courbent, la finesse l'aiguise, la bonté l'arrondit, le libertinage l'énerve et la flétrit. « L'amour et le désir s'y attachent par un attrait inexprimable, » a dit Herder.

Le *sanguin-bilieux* en aspect cérébral *spirituel* donne de bonnes qualités ; cette organisation est la plus relevée, la plus noble et la plus apte à découvrir l'enchaînement des effets et des causes. Cet état cérébral rend apte à remplir de hautes charges, à acquérir de grandes richesses et à obtenir de grands succès, dus à sa source abondante de lumière, qui l'élève toujours. Cet aspect appelle l'ambition et les sciences, les hauts emplois, les légations, les missions, les faveurs populaires. Si on fait des voyages, ce sera pour le compte de dignitaires, gouvernements, etc.

Avec des caractères physionomiques faibles et les lignes centrales de la main coupées, on peut perdre sa fortune ou supporter les inimitiés de hauts personnages, qui mettront obstacle à l'élévation. Ce peut être aussi le signe d'une disgrâce populaire et de difficultés prochaines.

Elles se caractériseront plus nettement encore, si de grandes lignes les coupent. Il y aura perte de biens et de position ; on peut être mis à l'index de la part de hauts personnages, par suite de grandes pertes au jeu ou de malheureuses spéculations, et perdre sa position, même sans espoir de la recouvrer, surtout si les lignes sont interrompues entre la ligne inférieure et les doigts.

En aspect cérébral *naturel* et avec des qualités requises, le *sanguin-bilieux* s'élève en acquérant beaucoup de biens, grâce à des aptitudes multiples. Cette forme cérébrale se distingue aussi dans les charges publiques ou honorifiques. On se lancera certainement dans des entreprises heureuses, qui rapporteront beaucoup de profits. Si les lignes sont bien tracées, elles annoncent toute supériorité sur les caprices de la fortune. Ce caractère d'esprit aime la famille, les enfants.

Des anomalies existant, on peut éprouver des chagrins, causés par de hauts personnages, surtout si les lignes médiane et de l'annulaire sont coupées par des lignes. Cette sphère présente toujours des événements particuliers en analogie avec la famille, les enfants, le mariage, etc.

Selon les lignes anormales ou brisées, il y aura discordes, relations nuisibles et chagrins en résultant.

La circonstance du tempérament mélancolique amène une prédestination fatale ; mais si les lignes médiane et de l'annulaire sont parfaites, il y aura réussite quand même dans l'étude de l'économie, les recherches abstraites, et par les bonnes qualités, qui auront pour base la prudence et la sagesse. Les lignes centrales non brisées annonceront de l'abondance de biens dus à un travail opiniâtre. Si le triangle et le quadrangle sont bien faits, avec des goûts d'architecture on aura ceux de posséder de beaux immeubles. En plus, on peut être assuré d'une position stable, tout en triomphant de ses rivaux. Des signes parfaits dans ce tempérament amènent de l'initiative, de la puissance. On peut s'enrichir dans les sciences chimiques.

Les anomalies, chez le *mélancolique,*

donnent des motifs de retards, des empêchements, des obstacles toujours ren.issants, des entraves, des infortunes dans le mariage et dans les enfants.

Dans cet aspect, non seulement les lignes, mais la main même, présentent une forme extérieure souvent anormale. La phalange onglée est quelquefois trop saillante et donne le doute. Les articulations du milieu des doigts disposeront, par leur forme, à un excès d'ordre ; les doigts seront trop longs ou trop spatulés. Ces excès donnent ensuite des lignes mauvaises.

La physionomie exprime les mêmes défauts, faiblesse, irrésolution ou opiniâtreté. Le cerveau antérieur caractérise aussi des anomalies en rapport avec les penchants. Tous ces signes nuisibles, très fréquents dans le caractère mélancolique, font la position difficile à asseoir. Sur une simple objection de son maître, le *mélancolique* osseux quitte son emploi. Si des anomalies encore plus nuisibles se font pressentir, les espérances ne seront suivies que de déceptions.

Nous avons dit que c'était ce tempérament qui caractérisait les mains les plus longues. Les doigts longs donnent l'esprit qui juge par le détail jusqu'à la mesquinerie. Si ces grands doigts sont pointus, cette forme chez le *mélancolique* donne de l'extase, de la divination, de la religion jusqu'à l'exaltation.

On peut aussi trouver de préférence, chez les *mélancoliques*, de l'abandon dans la vieillesse, par suite d'une confiance mal placée. J'ai connu un grand *mélancolique* osseux doué de ce tempérament le plus achevé. Resté garçon, il avait, durant une longue vie de labeur et d'économie, prêté de l'argent à sa famille et même à des amis, qui ne le lui ont jamais rendu ni les uns ni les autres. Ce vieillard mène aujourd'hui une vie voisine de l'infortune. Il m'a entretenue de ses procès, il les a presque tous perdus. Le lecteur, il me semble, doit saisir comme moi cet état d'esprit des *mélancoliques* : ils se croient environnés d'ennemis cachés, qui cherchent à leur nuire, ils renoncent au mariage et aux affections, et, dans la vieillesse, se trouvent délaissés de tous. Comment ne pas avoir de grands déboires dans la vie avec de pareilles dispositions morales ? Vous voyez souvent ce caractère s'exclure de la société, et si l'intelligence est tout à fait supérieure, elle peut prédisposer à l'exil. Voyez la physionomie du Dante, n'exprime-t-elle pas le *mélancolique* le plus achevé ? N'a-t-il pas eu aussi ses exils ?

Le caractère, en aspect colérique, possédant des lignes bien nettes et bien tracées, est toujours le chef de certaines sociétés secrètes ou privées ; s'il occupe des fonctions dans les gouvernements, il se réserve certaines places requises, que la prudence lui fait juger inattaquables.

Les lignes non coupées lui assureront d'urgence la réussite de l'existence et de la fortune ; on obtiendra même des dignités.

Il est à remarquer que ces formes mélancoliques en aspect colérique éprouvent souvent des accidents comme des maladies pour eux, les enfants et la famille. Elles y seront d'autant plus prédisposées, qu'elles auront des lignes mauvaises qui donneront des obstacles, des insuccès, des déceptions et des chagrins domestiques.

C'est dans ce tempérament que l'on est le plus malheureux au jeu ; on y rencontre le joueur à moyens, à méthode, qui doit réussir infailliblement, mais qui perd toujours. Aussi, c'est bien celui-ci qui présentera irrévocablement des doigts carrés comme une spatule. C'est encore cet état d'esprit observé chez le *mélancolique*, qui imagine des cachettes introuvables, pour mettre ses trésors en sûreté ; mais le peu de confiance qu'il a dans la société humaine ne l'empêche pas d'être trompé.

Si vous avez un procès à débattre et que vous consultiez un *mélancolique*, au lieu de vous conseiller de renoncer au procès, il vous révélera de préférence comment il faut vous y prendre pour gagner votre cause ; mais vous perdrez le plus souvent. Ce tempérament a l'esprit porté à la contradiction, aux détails, et ne s'aperçoit plus de l'ensemble.

Le *mélancolique* lymphatique possède aussi des doigts longs et quelquefois pointus ; c'est l'esprit poétique porté à l'inspiration, aux travaux inspirés et non copiés sur le naturel. Ce tempérament n'aime pas la vie réelle.

Sans anomalies, c'est dans cet aspect, avec des doigts longs, que nous trouvons la plus austère des vertus de l'Eglise. Cependant l'esprit spécial du *mélancolique* osseux n'aime ni Dieu, ni les prêtres, ni l'Eglise ; mais il n'en gardera pas moins les plus hauts degrés de sagesse, comparativement aux autres tempéraments, si sa vocation l'y appelle.

Des lignes parfaites procurent à ce caractère, en aspect lymphatique, des relations élevées, qui seront cause de fructuation de biens. Dans les relations, on aura des affections, du dévouement de gens de hautes classes ou de personnages puissants. Néanmoins, on peut être sujet à des difficultés dans les associations de cœur et d'intérêt ; il est rare que ce mélange n'apporte pas de souffrances, soit des maladies ou des accouchements malheureux. Il peut même gâter le mariage.

Les moindres lignes anormales procurent des adversités, des périls, des chutes accidentelles même assez fréquentes.

Les voyages n'apporteront aucun bénéfice. Les maladies, assez fréquentes à ce mélange, occupent de préférence le cerveau ou les voies urinaires, selon l'aspect des lignes supérieures et hépatiques, dont nous parlerons plus loin.

Le mélange artériel et mélancolique, en signes parfaits, peut donner un heureux mariage. Les retards, les chagrins, la fatalité visant au mariage, aux relations, seront certainement évités. Mais il est rare de ne pas rencontrer des lignes de chagrins, si une nuance cérébrale ne vient modifier l'attitude de ce tempérament. Ce sont des empêchements de fortune et des malheurs, occasionnés par les affections et les relations.

Si des lignes de chagrins existent, elles descendront le plus souvent jusqu'au bas de la ligne inférieure en coupant les lignes transversales ; cet ensemble de lignes ne dispose qu'à des veuvages, des séparations ou de grands chagrins. Les hommes, même avec ces anomalies peuvent prendre dans cette sphère des maux vénériens.

Le *mélancolique* doué d'un tempérament cérébral *spirituel* possède une raison puissante, mais il aura de grandes peines pour acquérir.

Sans aucune anomalie, les renversements de position seront évités. Si quelques déceptions menaçaient, il y aurait vite retour à la fortune. On ne peut éprouver que des dangers sans perte de patrimoine. L'esprit possède de hautes aptitudes scientifiques et de l'ingéniosité à se créer une fortune.

Quand des lignes anormales traversent les lignes centrales, il faut s'attendre à supporter des dangers en rapport avec les éléments de l'existence que l'on mène. Ces lignes transversales des grandes lignes indiquent formellement que les agréments de la vie seront gâtés. Elles sont l'indication de ruine.

En aspect cérébral *naturel*, le *mélancolique* dénote un bon esprit, de la pauvreté ; il peut s'élever à des emplois très fructueux. Selon la condition, il y aura toujours élévation, même à de hautes charges selon la sphère. Que des anomalies de lignes coupées existent, elles provoquent de l'impuissance devant les épreuves de la vie.

Les anomalies de lignes observées dans le tempérament artériel occuperont de préférence les régions de la ligne inférieure. Nous savons que la ligne médiane peut y être arrêtée brusquement.

Les lignes de chagrins ou d'interruption descendent de la saillie supérieure et rejoignent directement la ligne inférieure, la ligne médiane et celle de l'annulaire ; ces dernières peuvent être arrêtées et coupées par ces lignes.

Il faut remarquer le plus ou moins de longueur de la ligne inférieure, et sa forme, qui répondra toujours infailliblement pour celui qui sait y lire. Chez le sanguin artériel, la forme des doigts et de la main est rarement longue.

La ligne inférieure, bien tracée, bien nette, et les lignes médiane et de l'annulaire parfaites, ce tempérament, selon sa désignation morale, est influencé de hautes protections, qui viendront d'amitiés sentimentales.

Sans anomalies physionomiques, ces lignes annoncent une parfaite harmonie en mariages, en amitiés et en relations. Cet aspect donne toute chance de haute fortune et de protection. Les causes de ces faveurs viendront souvent d'un sexe opposé.

L'influence artérielle, plus que toute autre, se crée facilement de grandes lignes de chagrins ou de joies. C'est bien dans ce tempérament que nous voyons le plus d'expansion à l'extérieur avec une propension de lignes généreuses donnant la reproduction fidèle de la nature des événements au milieu desquels ce tempérament se trouvera jeté.

Quand des lignes anormales descendent de la saillie supérieure et viennent couper les lignes mères, elles indiquent des dettes morales contractées, de grands chagrins par suite de relations nuisibles ou d'associations mauvaises.

Si les signes physionomiques annoncent des excès dans l'amour des plaisirs, ces lignes anormales pourront indiquer une chute de position ou de fortune par une femme. Il y aura amour du *farniente*.

Selon les caractères physionomiques, les *artériels* peuvent prendre toutes les attitudes ou peuvent être extravagants, avoir l'esprit égaré, éprouver des dangers de séduction et de dangereuses passions. On rencontre dans cet aspect cette foule de jeunes gens au teint rose et sanguin, que leurs anomalies placent déjà sous la domination des femmes avant même d'avoir vingt ans. Cette précocité provoque, par ce fait et le plus bonne heure possible, l'abnégation de leur existence.

Il n'est pas rare de découvrir des anomalies significatives annonçant des ruptures, des séparations, des procès même quelquefois scandaleux. Il y aura des périls et de fausses sécurités.

Avec des signes criminels, on incline à s'emparer du bien d'autrui, pour contenter ses passions ou l'aveuglement de certaines femmes névrosées, qui, par leurs faits et gestes, les font devenir des criminels d'occasion. Quant au *sanguin-artériel* colérique, si ces prédispositions ne sont pas accompagnées de qualités cérébrales, elles donneront de mauvais penchants, dont les causes provoquent toujours des suites fâcheuses.

Ce tempérament, doué d'une bonne organisation et de lignes parfaites, est néanmoins sauvegardé dans ses intérêts, ses amitiés, ses relations et son mariage ; mais cet aspect est rare. Autrement, il est obligé, selon ses dispositions colériques, d'éprouver de la jalousie, puis des contrariétés, des discordes, des mariages manqués. Ce caractère, encore plus que l'autre, peut encourir des dangers amoureux.

Si les lignes médiane et de l'annulaire sont rompues plusieurs fois dans les deux mains, ces formes, nullement rares chez un grand nombre de personnes, annoncent toutes sortes de chagrins. La vie est laborieuse et difficile. Cette disposition et son caractère dominateur le feront se heurter aux résistances. Avec des anomalies sensibles de la ligne moyenne et inférieure, les inactions de la vie seront nuisibles et on éprouvera des pertes de position par sa propre faute, par suite de combinaisons mauvaises. Tous les efforts de l'existence à la conquête de la fortune resteront stériles.

Quand de grandes lignes de chagrins descendent de la saillie supérieure et rejoignent le bas de la ligne inférieure, la traversent même pour rejoindre les petites lignes qui se trouvent entre le petit doigt du côté extérieur et inférieur de la main, on peut s'attendre à de grands deuils de cœur. Ces signes sont infaillibles, ils indiquent que certaines natures doivent plus ou moins éprouver, selon leur destinée, le sens inverse de ceux à qui sont réservées les plus grandes joies.

Le *sanguin-artériel*, nuancé de lymphatisme, a particulièrement l'esprit féminin, au physique et au moral, avec des signes intelligents, des doigts lisses et pointus. Cette forme donne le goût des changements, beaucoup de tendresse et de poésie, un état d'esprit porté à l'art d'inspiration et aux tendances religieuses. Si les doigts sont trop pointus, on deviendra mystique.

Cet aspect peut donner aussi des mains courtes, mais elles seront toujours lisses. Je crois inutile de décrire le signalement des mélanges, le lecteur sait déjà que celui-ci est le mieux conditionné relativement à la couleur de la peau ; l'influence du rose mélangé au blanc donne cette finesse et cette fraîcheur de la peau, dont les attraits sont indéfinissables. L'*artériel* lymphatique ou bilieux n'est pas rare en Normandie. Nous savons que les formes de doigts lisses donnent cet esprit impressionnable et spontané. C'est le sens inverse des doigts noueux à esprit calculateur. Cette forme prédispose à la paresse rêveuse et poétique, à la faculté de jugement à première vue, et au génie selon la forme du crâne.

Quand le pouce est petit, une ligne moyenne courte, la volonté est faible : on sera disposé à la paresse, au laisser-aller, au manque d'ordre dans les idées, avec une insouciance complète et un abandon aux appétits et à la gourmandise, si des anomalies physionomiques se font pressentir.

Un tempérament artériel lymphatique bien organisé, des sourcils bien nets, bien tracés, des yeux où le feu brille avec une mobilité transparente, une ligne moyenne parfaite, un pouce pas trop court, ces dispositions de caractère, additionnées de lignes médiane et de l'annulaire sans anomalies, caractériseront le caractère le plus doux et le meilleur pour le bonheur intérieur, surtout chez la femme.

Que de petites lignes descendent de la saillie supérieure sans couper les centrales, on éprouvera déjà des chagrins en amitiés ; mais si des lignes anormales se caractérisent de plus en plus, elles peuvent être l'indication de passions qui amèneront des unions simultanées, des mariages non légalisés et la conséquence quelquefois d'imprudentes amitiés ou relations, qui auront pour cause des passions d'amour.

Ces signes sont clairement indiqués par des bifurcations au milieu des lignes auxquelles viennent se joindre de grandes lignes de chagrins. L'ensemble de ces lignes, à leurs jonctions, dispose une forme étoilée plus ou moins nette sur les lignes médiane, moyenne ou inférieure, et aussi pour la ligne de l'annulaire, ces entrecroisements de lignes n'annoncent rien de bon. Elles disposent aux amours fugitives, aux menaces de scandales, par suite d'imprudentes amours. Dans des mains signalant des qualités contraires, cérébrales ou scientifiques, comme chez un *mélancolique,* elles annoncent des mariages empêchés, des rivalités, puis des chutes de position.

Quand de grandes lignes de chagrins descendent du haut et traversent toute la main, c'est l'indice certain de l'envoûtement d'esprit et beaucoup de souffrances, quelquefois par suite de mariage non assorti. Voici un exemple : un tempérament artériel lymphatique est appelé à souffrir, si son existence est liée à un *bilieux.* Que ce *bilieux* possède une tête haute et des mains noueuses, cette prédisposition sera d'autant plus significative, si l'*artériel* lymphatique a une tête ronde.

Cependant on observe, malgré tout, cet accord que force la loi, c'est le poison de l'existence à marche lente ; l'*artériel* lymphatique laissera tout aller au gré du *bilieux* pour avoir la paix, tout en souffrant en silence. La jouissance de la vie est dans ces circonstances pour le *bilieux*, qui ne rencontre plus d'obstacles que ceux qu'il se crée, si l'*artériel* lymphatique ne se sépare pas de lui.

Le tempérament sanguin artériel en aspect cérébral *spirituel* annonce des facultés de l'esprit et des facultés morales par excellence.

Il y aura certainement de la volupté. Des signes parfaits dans ce mélange cérébral donnent particulièrement de puissantes et utiles amitiés.

La position est élevée par relations et amitiés de dames de haut rang. Cette sphère amène avec elle un beau et noble mariage, dont la fortune dérivera. On rencontre certainement dans les relations de la confiance et de la sympathie publique. Les emplois seront élevés et honorifiques. Les aptitudes peuvent appeler le génie, qui donne des honneurs et une haute fortune.

Les anomalies ne pourront empêcher quand même les biens et la position, grâce aux bonnes dispositions qu'enfantent le mariage et les amitiés. Mais si de grandes lignes coupent les principales, ne vous attendez plus qu'à des entraves, des oppositions. Si les lignes sont manifestes, la vie peut se terminer dans le célibat.

Sur cette forme, qui donne le mariage prématuré, nous avons déjà dit qu'il arrive dans la jeunesse que l'influence d'une femme ou une union fatale sera nuisible à la position. Cette affirmation n'est que trop vraie dans cette sphère cérébrale, demandez-le aux littérateurs et aux artistes mariés à l'âge de vingt ans.

En aspect cérébral *naturel,* nous trouverons du succès dans les entreprises, et des protections profitables. Il y aura même des dispositions supérieures pour la culture des arts.

Avec des anomalies de lignes, les facultés intellectuelles s'affaibliront par l'abus des plaisirs ou du travail.

Cet aspect caractérise la même initiative que celle ci-dessus, en ce qui concerne la jalousie, les rivalités, les imprudences et les dangers qui peuvent en résulter.

La saillie supérieure de la main est ordinairement peu développée dans le tempérament lymphatique ; mais, d'autre part, la partie inférieure présente une certaine propension de développement.

Le tempérament lymphatique, avec des lignes médiane et annulaire qui ne sont ni coupées ni rompues, prédispose à des acquisitions de biens dans les voyages et des mutations de tous genres.

Le *lymphatique*, selon ses facultés d'esprit, peut se créer une vie très mobile, mouvementée, agitée, inconstante, mais agissante.

Cette forme amène de l'abondance et des honneurs, si l'individualité n'indique aucune anomalie nuisible.

C'est cette sphère où, la plupart du temps, on trouve le plus d'évolution, sous le calme apparent de l'esprit flegmatique. Avec des dispositions bilieuses, on rencontre l'aspect des grands voyageurs sur mer et sur terre, ou bien de ceux qui ont le goût des sites agrestes, des voyages pédestres, etc.

Les lignes de la main sont quelquefois peu apparentes chez les *lymphatiques*, mais elles n'en gardent pas moins leur plus haute signification. (Nous de vons ajouter que les mains peuvent être très rayées, selon les qualités psychiques de l'esprit ou de l'âme).

La moindre anomalie révèle des antagonismes, des dangers de séduction et des luttes qui pourront renverser la position.

C'est encore cet aspect à qui l'on trouve des caractères d'anomalies significativement dangereuses ; on peut même y trouver des signes de mort violente ou publique, surtout avec une teinte colérique. La nuance colérique en signes parfaits donne beaucoup de prospérité dans les affaires, les changements, les voyages, etc.

Mais que les lignes médiane et annulaire soient coupées, brisées, on devra compter sur des procès où on se trouvera pris en cause, et des dangers pour le corps.

Si, à ces lignes brisées, sont jointes de grandes lignes qui les barrent, si insignifiantes qu'elles puissent paraître, on perdra sa fortune; le mariage peut être appelé à être malheureux, et on éprouvera des dangers qui menaceront l'existence.

Le tempérament lymphatique, en aspect cérébral, donne des dispositions élevées, un beau mariage et de belles relations qui procureront des honneurs. Il y aura certainement haute élévation dans les fonctions publiques. Seulement les caractères de la main devront réunir un ensemble éloigné de toute défectuosité.

Des signes anormaux annonceront des alternatives d'élévation et de chutes pour la position et les biens.

Cet aspect *spirituel*, en mélange au lymphatique, apporte toujours avec lui des professions publiques et des honneurs, quitte à amener la chute après, selon les signes.

En aspect cérébral *naturel*, les facultés de l'esprit produiront de l'habileté dans les arts et du succès, si les signes sont parfaits. On aura aussi de grandes aptitudes dans les affaires et l'amour des voyages.

Que ces qualités d'esprit soient remplacées par des anomalies, malgré toute son ingéniosité, le tempérament cérébral *naturel* est sujet à des contestations et des changements fréquents de projets, par suite de relations nuisibles.

Prédispositions que donnent les lignes supérieure et hépatique.

Les lignes supérieure et hépatique ayant chacune leur influence prédisposante sur le moral, la santé et les maladies, je vais entreprendre leur interprétation. La ligne supérieure doit contourner toute la saillie supérieure, comme elle est indiquée planche 10; elle doit être bien formée, doucement colorée. Quand la ligne supérieure est bien écrite sans rupture dans les deux mains, cette forme indique que le corps n'est susceptible d'aucun vice interne, elle annonce une santé exempte de maladies graves. La physionomie reflète, dans ces circonstances, ce que l'on appelle une constitution parfaite. La ligne supérieure, brisée dans la main, indique au contraire une forme prédisposante à une maladie quelconque plus ou moins grave. Cette rupture existant pour les deux mains, elle peut indiquer certaines anomalies organiques pronostiquant des maladies mortelles.

Toute ligne supérieure courte, donnée le plus souvent par l'hérédité, annonce des imperfections de constitution, pouvant provoquer des dangers de mort prématurée.

Il est hors de doute que l'on peut être

né avec des prédispositions à la phthisie, à la tuberculose, et avoir quand même une prolongation d'existence au delà de celui qui n'a aucune de ces dispositions maladives.

Certaines personnes garantissent leur existence par la prudence et leur bonne conduite, leurs bons usages de la vie, tandis que d'autres sachant qu'elles ont bonne constitution, font tout leur possible pour la perdre. Que le lecteur ne s'étonne nullement d'apprendre que des personnes, influencées de signes et de lignes équivoques affirmant une santé précaire, peuvent vivre plus longtemps que d'autres parfaitement conformées. On peut trouver un sujet couvert de signes de mort prématurée, et constater cependant en fait une vie longue. Il est facile de retenir ce que j'ai avancé plus haut, le manque d'une ligne peut être racheté par la perfection des autres. D'autre part, il n'est pas rare de justifier chez une personne une ligne supérieure faisant le tour de la saillie du pouce, et mourir jeune ; les causes de sa mort se rattacheront à d'autres motifs formant un concours d'anomalies suffisantes pour en déterminer ainsi. Ceci n'empêche que la plus petite anomalie, le plus petit point sur la forme extérieure du corps, a toujours une cause.

Ainsi, il est à supposer qu'une ligne supérieure, faite en chaîne, n'a jamais la même prédisposition qu'une ligne parfaitement bien conformée.

Ces caractères imperfectionnés, si minimes qu'ils soient, indiquent infailliblement, par leurs différences, des affections inhérentes à certaines parties du corps.

Mes observations ont maintes fois confirmé l'existence d'une double ligne supérieure, c'est-à-dire qu'une ligne sœur la suit dans tout son parcours ; cette double ligne ne peut donner qu'une exubérance de santé, une puissance de l'organisme.

Je comprends que la brutalité, la violence, amènent avec elles de grosses lignes rouges ; la colère les rendra, de préférence, larges et livides. Les criminels possèdent l'un ou l'autre aspect Les grosses lignes coupées appartiennent souvent à des criminels fourbes ou voleurs.

Dans des catégories d'anomalies de lignes annonçant des qualités douteuses, nous rencontrerons aussi des embrouillements de lignes sur la face palmaire. Il ne faut confondre cette diffusion avec d'autres mains très rayées qui n'ont d'autres causes que les tourments d'esprit, auxquels beaucoup de personnes sont disposées. Le calme de la main se rapporte toujours au calme de la physionomie.

Ainsi la saillie inférieure absente de lignes peut annoncer une imagination calme. La saillie supérieure, sans être rayée, indique des facultés de l'âme ou du cœur ayant de la tendance à la froideur ou à la chasteté.

La saillie de l'index, bombée et sans être rayée annonce le calme dans le bonheur de l'existence, si la ligne médiane surtout n'est pas coupée. On pourrait me demander le pourquoi, on peut voir le calme dans le bonheur sur une si petite apparence ; il me serait facile de répondre que ce ne sont que les plus riches tempéraments sanguins et artériels lymphatiques qui présentent cette saillie la plus bombée et sans être rayée. On peut se reporter plus haut aux articles des prédispositions, on verra que ce tempérament, dans son meilleur aspect, se rencontre avec ce signe.

La ligne supérieure doit garder aussi, comme les autres lignes, une bonne direction ; si elle s'insère en face le médius avec la ligne moyenne, elle peut caractériser des formes accidentelles, des périls ou des maladies.

La ligne supérieure ayant une bifurcation du côté du poignet, cette bifurcation se dirigeant vers la saillie inférieure, elle annonce souvent une décadence de la santé ou de l'esprit.

Quand des lignes partent du pli supérieur et se dirigent vers l'index, on rencontrera des désirs d'ambition, elles prédisposeront à l'accomplissement des faits pour asseoir une position ou une fortune. Il est à remarquer qu'il faut que ces lignes ne soient pas barrées, sinon elles annoncent l'ambition déchue ou des biens qui peuvent succéder après de longues et cruelles épreuves.

Chez un cérébral bien doué, ces lignes qui tendent vers l'index peuvent donner des richesses et des dignités.

Les lignes qui croisent la supérieure indiquent des accidents de santé ou des maladies.

La ligne supérieure doit se présenter ordinairement ni trop maigre, ni trop inégale, ni trop creuse, ni trop grosse, ou alors elle est sujette à des formes anormales qui indiquent soit la mélancolie, soit la colère, soit des humeurs inégales, soit une mauvaise santé, si d'autres signes y contribuent.

La ligne hépatique est parallèle à celle de l'annulaire, comme on le distingue bien sur la planche 10, elle se termine normalement à la base de l'auriculaire. Si elle commence sur la ligne supérieure et que les deux lignes soient grosses et rouges à leur jonction, cette anomalie indique que l'on éprouvera des palpitations de cœur. La santé est plus parfaite quand l'hépatique est séparée du pli supérieur.

Quand cette ligne est inégale, elle a toujours une cause de prédisposition à une maladie quelconque, selon le tempérament du sujet.

La ligne hépatique se présente quelquefois entrecoupée, discontinue ou brisée, elle indique que le sujet éprouvera des maladies de bile, d'estomac, des digestions pénibles, comme aussi des maladies de foie, des faiblesses et autres genres de maladies, selon l'idiosyncrasie du tempérament. Que cette ligne soit double, cet aspect porte à la volupté, aux passions de l'amour lascif. Seule et bien marquée, elle donne l'harmonie des organes, la santé.

La ligne hépatique peut s'observer aussi par ses dissonances de couleurs et de formes ; elle peut être trop rouge ou trop pâle, trop étroite ou trop large. Cette ligne manque chez certains tempéraments musculaires.

Vous pouvez rencontrer un savant sans hépatique, et un idiot avec une hépatique, elle n'indique nullement le degré de l'esprit ; cette ligne n'est qu'une définition harmonique entre les facultés morales, qu'elle équilibre avec la santé. En conclusion, il faut toujours s'en rapporter, comme nous l'avons dit plus haut, à un ensemble de perfections ou d'anomalies, pour définir une disposition en analogie avec le fait ou la maladie.

J'ai donné, au commencement de ce livre, les maladies innées à chaque tempérament. Je vais ajouter ici l'aspect de quelques maladies qui sont annoncées particulièrement par les caractères de la main.

Dans la phtisie, on reconnaît depuis longtemps cette forme d'ongle hippocratique. Quand cette maladie est déclarée définitivement, elle donne à la physionomie l'aspect pâle et maigre.

Les altérations des viscères sont annoncées quelquefois par des ruptures de la ligne moyenne.

L'onanisme, les prédispositions aux

maladies vénériennes présentent des anomalies significatives vers la ligne inférieure ou à la base du médius.

Souvent, des enchevêtrements de lignes existent à la base du médius; pour en indiquer la cause, on devra la chercher sur les autres caractères, qui en feront découvrir la provenance.

La léthargie peut affecter toutes les lignes et avoir sa signification la plus particulière sur la ligne supérieure.

Les affections de la matrice, chez la femme, sont indiquées souvent par la suppression d'une ligne complète de la main ou de nombreuses lignes affectant de préférence la saillie inférieure. Ces maladies donnent à la physionomie l'aspect blême et hagard une fois la maladie devenue chronique.

Les paralysies conséquentes de l'onanisme ou de l'hystérie sont indiquées par des mains très rayées.

L'épilepsie a souvent des lignes faites en chaîne avec de nombreuses lignes.

La goutte, les maux de tête, la surdité, le rhumatisme, l'asthme, les maladies de foie présentent toutes des caractères dans la main.

Les abcès, l'hypertrophie du cœur peuvent être indiqués par des lignes anormales, surtout cette dernière vers la ligne inférieure. Ce caractère de maladie donne un éclat inusité de l'œil, conséquence de la surcharge du système artériel par la force exagérée du cœur.

La stérilité possède des caractères spéciaux bien définis sur la forme extérieure. Ceux de la main, la saillie supérieure en est une des principales indications quand elle est trop petite, trop plate ou trop large. La forme des lignes donne des indications certaines également.

Les dérangements d'esprit, l'envoûtement, les obsessions, se distinguent par des grandes lignes qui descendent de la partie supérieure et barrent toute la main.

Toutes les maladies ont leurs prédispositions, qui se caractérisent sur la physionomie et deviennent très visibles, même pour les personnes peu accoutumées aux observations physionomiques.

La dyspepsie de forme aiguë donne l'aspect pâle ou blême, et une teinte sombre autour des yeux.

Dans l'anémie profonde et la chlorose, la face prend un ton verdâtre et a l'aspect de la cire.

Chez la femme, pendant les périodes

menstruelles et durant la ménopause, dans la pléthore surtout, la face prend des rougeurs inusitées, avec des symptômes d'ypérémie cérébrale.

Dans les affections débilitantes d'un caractère chronique, notamment dans celle du poumon, de la phtisie, du cancer, on connaît bien ce caractère physique connu sous le nom de rougeur hectique.

Chez les petits enfants même, les anomalies physionomiques ont leur plus haute importance au point de vue médical. J'ai vu des plis anormaux autour de la bouche et du nez des petits enfants atteints d'affections vermineuses et de maladies d'intestins.

Je termine en disant que l'on rencontre toujours infailliblement de grandes lignes anormales traversant toute la main chez les personnes séparées de leur bonheur, de leurs amitiés, et qui n'ont plus de relations avec la société.

Ces formes sont d'autant plus dignes d'intérêt à étudier, qu'elles peuvent s'observer à la naissance même.

C'est ce qui me fait conclure que l'étude des signes extérieurs chez l'homme et chez la femme fait découvrir l'une des plus importantes sciences de l'humanité.

Me voici arrivée à la fin de ce petit ouvrage, je suis certaine qu'il rencontrera, dans l'esprit de ses lecteurs, de la circonspection et des sentiments exquis.

FIN.

TABLE DES MATIÈRES

	PAGES
Explication	5
Préface	9
L'art de lire dans l'avenir	31
Aspect moral et physique : Du sanguin-bilieux	38
Du mélancolique	41
Du sanguin-artériel	43
Du lymphatique	46
Observations faites sur les tempéraments et leurs mélanges mixtes, d'après les formes triangulaire et quadrangulaire des lignes de la main	61
Prédispositions particulières que donnent les lignes moyenne et inférieure	117

Les lignes médiane et de l'annulaire et les prédispositions qu'elles donnent à chaque tempérament et ses mélanges mixtes 131

Prédispositions que donnent les lignes supérieure et hépatique 183

www.ingramcontent.com/pod-product-compliance
Lightning Source LLC
Chambersburg PA
CBHW051919160426
43198CB00012B/1956